Ist der Chef verrückt?

Oder ist es die Art und Weise wie wir ihn betrachten?

Helmut Fuchs

Ist der Chef verrückt?

Oder ist es die Art und Weise wie wir ihn betrachten?

Ein Leitfaden für mehr persöhnliche Qualität und emotionale Intelligenz im Sekretariat.

TAM

Herausgeber: Helmut Fuchs - Trainer-Akademie-München
Satz und Gestaltung: Roland Pavic - rpquadrat design nidda
Herstellung: Libri Books on Demand

ISBN: 3-8311-0010-1

Viele gute Ideen und Übungen für dieses Buch verdanke ich den Denkanstößen durch Dich.

Dafür und für viele, viele großartige Unterstützungen in den letzten Jahren, widme ich dieses Buch in großer Dankbarkeit Dir, liebe Nina.

Palma, den 01.08.2000

Achtung

Dieses Buch ist für Sie nur eine von vielen Möglichkeiten, Wege zu finden, um unangemessenes und destruktives Denken durch angemessenes und konstruktives (rationales) Denken zu ersetzen. Trotzdem kann sich Ihr Leben nach Lektüre dieses Buchs grundlegend verändern, sofern Sie, seine wesentlichen Aussagen akzeptieren und Konsequenzen daraus ziehen.

Nebenwirkung

Es ist nicht auszuschließen, dass bei regelmäßiger und dauerhafter Anwendung der Kernaussagen dieses Buches auch Ihr Privatleben zufriedener und ausgeglichener wird.

INHALT

Kapitel 0:
Vorwort

Kapitel 1:
Nicht der Chef ist verrückt, sondern nur die Art und Weise, wie wir ihn betrachten

Kapitel 2:
Suchst Du eine hilfreiche Hand, Du findest Sie am Ende Deines Armes

Kapitel 3:
Einige theoretische Grundlagen für angemessenes Denken und Positive-Emotions-Steuerung PES

Kapitel 4:
Die A-B-C-Analyse bei PES

Kapitel 5:
Die Fallstricke bei negativer Emotionskontrolle

Kapitel 6:
Wie PES im Alltag funktioniert

Kapitel 7:
Wie PES gelernt wird.

Kapitel 8:
Der PES-Check

Kapitel 9:
Lernplateaus und der lange Atem

Kapitel 10:
Der PES-Check bei sozialen Ängsten

Kapitel 11:
Die PES-Schablone zum Auflösen emotionaler Probleme

Kapitel 12:
Von PES zu PEP (Positive- Emotions- Programmierung)

Kapitel 13:
Elf giftige Alltagsmodelle und die Bearbeitung durch PES

Anhang:
Die sieben Todsünden bei PES

Sonstiges:
Prolog, Epilog, (kein) Register, Schlußbemerkungen

Das stärkere Geschlecht

Mal ehrlich: Würden Sie von sich sagen, sie seien emotional intelligent? Emotional ja, sagt man(n) uns Frauen jedenfalls immer nach, intelligent sicherlich auch, sonst würden Sie nicht dort stehen, wo Sie heute stehen, aber was hat das mit Ihrem EQ zu tun? Als ich das erste Mal das Wort "Emotionale Intelligenz" gehört habe, habe ich gedacht: "Prima, endlich hat jemand auf den Punkt gebracht, worauf es im Berufsleben wirklich ankommt." Die Zeit der Ellebogen ist out!

Das haben inzwischen erfreulicherweise auch viele (männliche) Personaler in den Unternehmen herausgefunden. Was noch vor nicht allzu langer Zeit als "typisch weiblich" abgetan oder mitleidig belächelt wurde, hat sich zur unerlässlichen "Kernkompetenz" zukünftiger Mitarbeiter oder Führungskräfte gemausert. Früher hat es höheren Orts kaum jemanden interessiert, wenn ein Vorgsetzter sich lieber den ganzen Tag in seinem Büro einschloss und Konflikte aussaß, statt mit seinen Mitarbeitern zu reden, oder wenn ein Abteilungsleiter in einer Situation, in der Fingerspitzengefühl angesagt gewesen wäre, mit dem Einfühlungsvermögen eines Brecheisens anging. Hauptsache der Laden lief. Der lief ja auch, aber die Lebensqualität am Arbeitsplatz blieb auf der Strecke. Heute laufen die Läden auch, nur mit dem Unterschied, dass heute keiner mehr meint, die Peistche schwingen zu müssen, um seine Mitarbeiter anzuspornen, oder im Job das Ekelpaket rauskehren zu müssen, um weiter zu kommen - Ausnahmen bestätigen wie immer die Regel!.

Leider finde ich in meinen Seminaren immer wieder Anzeichen dafür, dass es noch ziemlich viele Ausnahmen zu geben scheint. Was also tun, wenn Sie mit genauso einem Prachtexemplar von Ausnahme - kommuniziert nicht, kooperiert nicht, kümmert sich nicht, - zusammenarbeiten müssen? Da hilft nur eines: Sich seiner wirklichen Stärken bewusst werden und vielleicht auch daran arbeiten! Die Stärke von Frauen liegt nun mal in ihrer Fähigkeit, zu kommunizieren, auf andere zuzugehen und sie ins Boot zu holen, Harmonie zu fördern und Dinge auf einer emotionalen Ebene wahrzunehmen. Egal in welcher Position - Sie müssen auf diese Stärken mehr vertrauen und sie stärker ausleben. Sie tun es sich selbst zuliebe: Denn diese Stärken sind es, die aus dem vermeintlich schwachen das wirklich stärkere Geschlecht machen.

Heidi Mathias
Leiterin der Gabler-Sekretariats-Seminare
Wiesbaden

0. Vorwort

Das Sekretariat ist die Schaltzentrale jedes Unternehmens. Hier treffen nicht nur die Anfragen von Kunden und Lieferanten ein, auch für die Mitarbeiter und Kollegen ist es eine wichtige Anlaufstelle. Und stets sind ihre Anliegen extrem wichtig und dringlich.

Entsprechend emotional geht es im Sekretariat oft zu. Sei's weil ein Mitarbeiter enttäuscht ist, weil ihm das wichtige Gespräch mit dem Chef erst übermorgen gewährt wird, oder weil ein Kunde oder Lieferant statt mit dem Chef nur mit dem zuständigen Sachbearbeiter verbunden wird.

Diese Pufferfunktion zwischen Mitarbeiter, Kunden und Lieferanten einerseits und dem Chef andererseits haben Sekretärinnen seit eh und je. Deshalb mussten sie auch in der Vergangenheit oft Nerven wie Drahtseile zeigen. Doch diese Situation hat sich noch verschärft. In den vergangenen 10-15 Jahren hat sich nämlich die Arbeitssituation der Sekretärinnen aufgrund des Siegeszuges der modernen

Informations- und Kommunikationsmittel stark verändert. Heute zählen PC, Fax, Internet- und E-Mail-Anschluss zur Grundausstattung jedes Arbeitsplatzes im Sekretariat - Medien, von denen wir vor zehn Jahren zum Teil noch gar nicht ahnten, dass sie heute existieren würden.

Entsprechend rasant haben sich die Anforderungen an Sekretärinnen verändert. Von ihnen wird heute selbstverständlich erwartet, dass sie diese modernen Informations- und Kommunikationsmitteln professionell beherrschen (während sich ihre Vorgesetzten diesen Medien oft noch verschließen). Entsprechend groß ist der Druck auf Sekretärinnen, sich ständig weiter zu bilden und weiter zu entwickeln.

Hinzu kommt ein weiterer Punkt. Häufig zeigt es sich im Sekretariatsalltag, dass die neuen Medien, die die Arbeit eigentlich erleichtern sollten, den Arbeitsdruck weiter verschärfen. Aufgrund ihrer Existenz hat sich nämlich auch die Erwartungshaltung der Kommunikationspartner der Sekretärinnen verändert. Früher begnügten sich zum Beispiel Kunden und Lieferanten meist mit der Auskunft, dass ihnen eine gewünschte Information in den nächsten Tagen per Post zugesandt würde. Heute lautet ihre Anforderung meist: „Können Sie mir das mal schnell faxen oder mailen“. Jeder denkt: Mit den neuen Medien ist dies doch sofort erledigt.

Ähnlich ist dies bei den Kollegen und Vorgesetzten. Auch sie wenden sich heute verstärkt mit Anfragen an die Sekretärinnen wie „Können Sie mal schnell diese Graphik oder diese Abrechung erstellen?“ Jeder denkt: Mit dem PC ist dies doch im Handumdrehen erledigt.

Kurz: Die Aussage „Können Sie mal schnell“ hat sich zur Standardanforderung entwickelt. Entsprechend hektisch ist der Arbeitsalltag vieler Sekretärinnen heute. Sie sind zunehmend mit der Anforderung konfrontiert, zehn Dinge gleichzeitig erledigen zu müssen. Sie sollen ihre angefangenen Arbeiten immer wieder unterbrechen, nur um „mal eben schnell“ was anderes zu erledigen. In diesem Umfeld ist jeder hoffnungslos überfordert, der es nicht gelernt hat „Wichtiges“ und „Dringliches“ zu unterscheiden; überfordert ist zudem jeder, der es nicht gelernt hat, auch einmal „Nein“ zu sagen bzw. „Das mache ich gerne, ich kann Ihnen Ihren Wunsch aber leider erst morgen erfüllen.“

Dieses „Nein“ erzeugt bei manchem Kommunikationspartner Enttäuschung, Verärgerung und Aggression. Schließlich erachtet jeder von ihnen sein Anliegen als „besonders dringlich und wichtig“. Entsprechend emotional ist häufig auch Ihr Gesprächsverhalten. Deshalb ist es für Sekretärinnen heute extrem wichtig, dass sie ihre Gefühle aktiv managen können, um beispielsweise auf Kritik mit kühlem Kopf bzw. angemessen zu reagieren.

Das ist oft schwer! Doch dies kann jeder lernen, indem er sich gezielt fragt: Warum reagiere ich in bestimmten Situationen so und nicht anders? Wie könnte ich in solchen Situationen angemessener zu reagieren? Indem wir unser Verhalten (und das anderer Personen) so immer wieder analysieren, werden wir uns unserer Reaktionsmuster bewusst. Dann können wir unsere Gedanken und Gefühle auch dauerhaft verändern und Herr(in) über sie werden.

Dabei hilft Ihnen dieses Buch, indem es Ihnen zeigt, welche Prozesse in Ihnen ablaufen, wenn sie zum Beispiel auf eine zwischen Tür und Angel geäußerte Kritik des Chefs gekränkt, beleidigt oder betroffen reagieren. Außerdem zeigt es Ihnen, aufgrund welcher Einstellungen und Werthaltungen sie gewisse Reaktionsmuster in bestimmten Situationen immer wieder zeigen. Wenn Ihnen diese bewusst sind, können Sie diese auch gezielt verändern, indem Sie Ihre Gefühle und Ihre Reaktionen aktiv steuern.

Dies hilft Ihnen Ihren Arbeitsalltag erfolgreicher zu gestalten, so dass sich auch ihre Zufriedenheit erhöht. Nicht nur in ihrer Arbeit, sondern in ihrem ganzen Leben. Schließlich zeigen wir auch in unserer Freizeit oft ein unangemessenes Verhalten. Der Versuch, unsere alten Einstellungen und Verhaltensmuster durch neue angemessenere zu ersetzen, vollzieht sich nicht von heute auf morgen. Wir haben sie uns meist über Jahrzehnte angeeignet. Deshalb ist ein hartnäckiges Üben nötig, wenn wir diese ersetzen wollen.

Aus diesem Grund enthält dieses Buch auch einen umfassenden Übungsteil, mit dem Sie trainieren können, Ihre Emotionen positiv zu steuern sowie sie neu zu programmieren. Nehmen Sie sich hierfür ausreichend Zeit. Dann wird es Ihnen auch gelingen, Ihre eingefahrenen emotionalen Trampelpfade zu verlassen, und diese durch angemessenere Verhaltensmuster zu ersetzen. Ihrem glücklicheren (Arbeits-)Leben steht dann nichts mehr im Weg.

Viel Erfolg wünscht Ihnen

Helmut Fuchs

Nicht der Chef ist verrückt, sondern nur die Art und Weise, wie wir ihn betrachten

„Mit diesem Idioten arbeite ich keine Minute länger zusammen!"
„Der Kerl bringt mich ins Grab!"
„So einen Chaoten habe ich noch nie erlebt!"
„Ich bin anscheinend hier der Depp für alle!"
„Ich bin zu gutmütig, ich werde nur ausgenutzt. Ich schmeiße alles hin!"

Kommen Ihnen diese Sprüche bekannt vor? Vermutlich! Die meisten Arbeitnehmer haben diese und ähnliche Sprüche schon einmal zu sich oder Kollegen gesagt, wenn es besonders „Dicke" kam. Doch helfen sie uns bei der täglichen Arbeit. Manchmal ja! Schließlich sind wir keine emotionslosen Maschinen. Folglich müssen wir auch mal Dampf ablassen. Gefährlich werden solche Sprüche aber, wenn wir dauerhaft so mit uns selbst und anderen reden und sie unsere Grundeinstellung widerspiegeln.

Dann sind sie keine „reinigenden Gewitter" mehr, nach denen wir befreit weiterarbeiten. Dann legen sie uns selbst und unsere (Zusammen-)Arbeit lahm. Warum? Dann hat uns die Resignation gepackt, und wir lassen uns von der Grundannahme leiten: „Das bzw. der ist halt so", „Daran kann ich nichts ändern."

Diese Grundeinstellung hat auch manche Sekretärin. Das registrierte ich in den vergangenen Jahren immer wieder, wenn ich auf Symposien oder in Arbeitskreisen Vorträge zum Thema „Mehr Effektivität im Sekretariat" hielt. Dann stellte ich den Teilnehmern regelmäßig unter anderem folgende Fragen:

„Wer hindert Sie daran, sich an Ihrem Arbeitsplatz richtig wohl zu fühlen?" und
„Wer ist schuld an Ihrem großen täglichen Ärger?"

Meist erhielt ich die stereotype Antwort: „Mein Chef!"

Diese Antwort kam so regelmäßig, dass ich manchmal folgenden Eindruck gewann: Es gibt so eine Art „Chefschule", wo jeder angehende Chef all die feinen Methoden lernt, wie man tagtäglich seine „Untergebenen" - bewusst oder unbewusst - quälen, diffamieren, verletzen und erniedrigen kann. Diese Schule gibt es selbstverständlich nicht! Trotzdem betrachten viele Sekretärinnen, ebenso wie die meisten anderen Arbeitnehmer, ihre Gefühle von Ärger, Unausgeglichenheit, Frustration und Wut entweder als gottgegebene Bestandteile ihres Lebens, oder sie machen andere Menschen, Situationen oder Ereignisse dafür verantwortlich.

Wie ist dies bei Ihnen? Was würden Sie antworten, wenn ich zu Ihnen sagen würde: „Es gibt keine Personen, Situationen oder Ereignisse, die Ihre unangenehmen Gefühle auslösen." „Der spinnt", würden viele von Ihnen vermutlich sagen. Vielleicht würden Sie mich zudem einladen, einen Tag Zeuge des täglichen Wahnsinns zu sein, dem Sie schon viele Jahre ausgesetzt sind. Nach meinem Besuch bei Ihnen würden Sie dann vermutlich zu mir sagen: „Da muss doch jeder normale Mensch verrückt werden. Oder?“ Nun, ich sehe dies etwas anders und möchte Sie einladen, an meiner Sichtweise teilzuhaben.

Meine Erfahrung ist: Viele Menschen machen sich, das Leben selbst schwer. Sie lassen sich nicht nur zum Spielball äußerer Umstände machen, sondern sind auch ihren unangenehmen Gefühlen hilflos ausgeliefert, weil sie nicht wissen, wie diese Gefühle entstehen und, dass sie selbst zu ihrem Entstehen einen Beitrag leisten. Außerdem fehlen ihnen einfache Werkzeuge der Selbstkontrolle, mit denen sie die Art wie sie Situationen und Personen wahrnehmen und damit ihre Gefühle beeinflussen und steuern können.

„Geht das überhaupt?“, werden Sie vielleicht einwenden. „Mein Ärger kommt so schnell und direkt, da habe ich keine Chance, lenkend einzugreifen.“ Doch, Sie haben diese Chance.

Wie Sie diese Chance nutzen, zeigt Ihnen dieses Buch. Es hilft Ihnen, Ihre unangenehmen und störenden Gefühle, wie z. B. Ihren Ärger und Ihre Wut, in den Griff zu bekommen. Es zeigt Ihnen somit auch, wie Sie Ihr (Arbeits-)Leben bewusster, zufriedenstellender und damit erfolgreicher gestalten können.

Ärger ist ein böses Vieh - er schadet nur und hilft uns nie! sagt eine alte Bauernweisheit.

Zurecht, denn wenn wir uns von negativen Gedanken leiten lassen, verrennen wir uns schnell in Sackgassen, aus denen es scheinbar keinen Ausweg gibt. Deshalb sollten Sie lernen, Ihre unerwünschten und störenden Gefühle so zu beeinflussen, dass sie wieder in den „grünen Bereich“ gelangen. Genau darum geht es in diesem Ratgeber.

Neugierig geworden? Prima! Dann lesen Sie weiter, denn ich versprechen Ihnen: Nach der Lektüre dieses Buchs wird Ihr Leben nicht mehr so wie vorher sein. Warum? Dieses Buch behandelt einen Ausschnitt einer Lebenskunst, die ich „persönliche Qualität“ nennen. Diese Kunst zu beherrschen ist erstrebenwert, weil sie uns hilft, unser Leben befriedigender zu gestalten. Diese Kunst, die auch als „Emotionale Selbststeuerung“ bezeichnet werden kann, basiert auf Erkenntnissen der kognitiven Therapie; außerdem fließen in sie viele lesenswerte Ausführungen von Dr. Albert Ellis, einem amerikanischen Psychologen und Psychotherapeuten, ein, dessen RET Rational-Emotive-Therapie durch das sogenannte NLP (Neuro-linguistisches Programmieren) eine weite Verbreitung fand.
Doch keine Angst! Ich stufen Sie weder als krank, noch als behandlungsbedürftig ein! Aber auch geistig und seelisch gesunde Menschen kommen - in unserer komplexer werdenden Umwelt - immer häufiger in Situationen, wo sie negative Stimmungen und Gefühle quälen.

Um diese Situationen geht es mir, denn die Erfahrung zeigt, dass gerade diese Stimmungen und Gefühle meist dazu führen, dass wir sogenannte „Annäherungstendenzen“ bzw. „Vermeidungstendenzen“ zeigen. Das heißt, wir betrachten bestimmte Situationen als „schicksalhaft“ oder „gottgegeben“. Also versuchen wir sie auch nicht mehr aktiv zu beeinflussen. Und deshalb können wir uns aus dem Leben auch nicht mehr das Stück herausschneiden, das wir uns wünschen.

In meinen Seminaren stellen wir immer wieder fest: Es gibt nur wenige Personen, denen diese Gedanken und die daraus abgeleiteten „Werk- und Denkzeuge“ nicht helfen. Speziell für Männer und Frauen, die im Sekretariat arbeiten, sind sie von großem Nutzen. Jedes Sekretariat gleicht nämlich einem „Flaschenhals“. Sie sind der „Schuttabladeplatz“ in vielen Unternehmen. Bei den Sekretariatsmitarbeiter-

(inne)n laden nicht nur die Chefs ihre Anliegen und Probleme ab, auch für die Lieferanten, Kunden und Mitarbeiter sind sie die zentrale Anlaufstelle. Und ganz gleich wer hereinspaziert, anruft, faxt oder ein Email sendet, stets ist sein Anliegen für den Betreffenden extrem wichtig bzw. dringlich.

Mit entsprechend vielen Emotionen werden die Sekretariatsmitarbeiter(innen) konfrontiert. Deshalb ist es gerade für Sekretärinnen sehr wichtig, dass sie (ihre) Emotionen (und damit auch ihre Reaktionen) steuern können, sonst wird ihnen der Spaß an der Arbeit und damit auch am Leben schnell verleidet.

Dieses Ratgeberbuch hilft Ihnen, nicht hilflos unerwünschten Gefühlen wie Ärger, Angst, Depression, Schuldgefühlen und Selbstzweifeln ausgeliefert zu sein, indem Sie aktiv Selbsthilfe betreiben. Schließlich ist es kurios, dass die meisten Menschen wenig Schwierigkeiten haben, sich bei Kopfschmerzen, Magenverstimmungen oder Erkältungen selbst zu helfen. Ihren Stimmungen oder Gefühlsausbrüchen fühlen sie sich aber genau so ausgeliefert, wie sich die Menschen im Mittelalter Seuchen ausgeliefert fühlten, weil sie nicht wissen, wie sie entstehen und wie man sie vermeiden kann. Folglich legen sich solche Stimmungen scheinbar völlig unverhofft und eigenmächtig wie ein Nebelschleier über sie. Beim Lesen dieses Buchs wird sich dieser Schleier lichten. Sie werden verstehen, wie die unerwünschten Emotionen entstehen und inwiefern wir an ihrem Entstehen mitbeteiligt sind. Dann ist eine Voraussetzung geschaffen, damit Sie Ihre Emotionen gezielt steuern können, denn dreierlei ist Ihnen dann bewusst:

Sie sind Ihren Gefühlen nicht hilflos ausgeliefert.
Sie können lernen, Ihre Gefühle wirkungsvoll zu beeinflussen.
Sie können Ihre Gefühle einfacher beeinflussen, als Sie glaubten.

Wie dieses Beeinflussen geht, das zeigen Ihnen auch die in diesem Buch vorgestellten Übungen.

Damit Sie Ihre Gedankenwelt und damit Ihr Leben neu gestalten können, müssen Sie aber folgende Grundannahme akzeptieren:
In extrem unerwünschte Gefühlssituationen kommen Sie nicht durch

Personen (wie z. B. den Chef),
Situationen (wie z. B. alle Außendienstler sind heute gleichzeitig im Haus) oder
Ereignisse (wie z. B. der Computer stürzt ab),

sondern nur durch die Art und Weise, wie Sie Personen, Situationen und Ereignisse bewerten.

Zwei Beispiele dazu:

Zwei Sekretärinnen kommen gleichzeitig an ihrem Arbeitsplatz an. Kaum haben sie ihren Mantel abgelegt erfahren sie, dass zwei Kolleginnen heute mit schwerer Grippe im Bett liegen und die Computeranlage wegen eines Systemfehlers ausgefallen ist. Zu allem Unglück sind an diesem Tag auch noch alle Außendienstmitarbeiter im Hause, so dass permanente Störungen vorprogrammiert sind.

Die eine Sekretärin begrüßt diese Situation - etwas übertrieben formuliert - als Gelegenheit, um ihr Können zu zeigen. Mit einem fröhlichen Lied auf den Lippen geht sie ans Werk.

Die andere sinkt auf den nächsten Stuhl, rauft sich verzweifelt die Haare und möchte kurze Zeit später, weil sie eine Migräne packt, am liebsten wieder nach Hause gehen.

Die Situation ist für beide Kolleginnen die gleiche. Aber die Art, wie sie diese Situation betrachten, ist verschieden und führt zu gänzlich unterschiedlichen Reaktionen.

Ein zweites Beispiel:

Lesen Sie einmal folgende Worte:

Auto Bahnhof Mond Monica Lewinsky

Löst eines dieser Wort bei Ihnen gefühlsbetonte Gedanken aus? Welches? Bei den meisten Lesern wird vermutlich der Name Monica Lewinsky eine stärkere emotionale Reaktion auslösen als die anderen Worte, denn plötzlich stehen Assoziationen wie „Sex im Büro" oder „Mobbing" im Raum. Aber ist es wirklich der Name, der diese Reaktion auslöst?

Mit Sicherheit nicht! Sonst müssten alle Menschen, die diesen Namen lesen oder hören, dieselbe Reaktion zeigen - auch die, die noch nie etwas von „Bill und Monica" gehört haben.

Worte und Namen lösen bei uns keine bestimmten emotionalen Reaktionen aus. Sie sind nicht dafür verantwortlich, dass uns, wenn wir sie hören, zum Beispiel ein angenehmer oder unangenehmer Schauer packt. Es ist unsere spezifische Haltung gegenüber diesen Worten und Namen, die bewirkt, dass uns zum Beispiel ein Frösteln packt und wir ein entsprechendes Verhalten zeigen.

Diese unterschiedliche Betrachtung von Personen, Situationen und Ereignissen steht im Mittelpunkt unserer Bemühungen, Ihnen eine neue angemessene Sichtweise von emotionalen Konfliktsituationen zu vermitteln. Dabei sollten Sie wissen, dass wir diese Zeilen nicht für psychisch und seelisch ernsthaft erkrankte Menschen verfasst haben. Sie sollten die Hilfe eines Psychiaters oder Psychotherapeuten in Anspruch nehmen. Wir wollen Ihnen auch nicht die „letzten Wahrheiten" oder den „Sinn menschlichen Seins" verkünden. Schließlich sind wir keine Priester oder Heilslehrer. Als Trainer und Berater wollen wir Ihnen vielmehr einige Hilfestellungen geben, wie Sie ihre (Alltags-)Probleme leichter bewältigen bzw. lösen können. Nicht mehr und nicht weniger!

Im Anhang finden Sie zahlreiche Hinweise auf interessante Bücher, mit denen Sie Ihr Wissen vertiefen können. Auch wir haben aus Ihnen viel gelernt.

2. Suchst Du eine hilfreiche Hand, Du findest sie am Ende Deines Armes

Eine wichtige Grundregel lautet:

Übernimm die Verantwortung für Deine Gefühle und Stimmungen.

Bei meinen Seminaren stelle ich regelmäßig fest: Viele Teilnehmer sind zutiefst davon überzeugt, dass Sie keinen Einfluss auf Ihre Gefühle und Stimmungen haben. Meist machen sie ihre ehemaligen Sozialisationspartner - also Eltern, Lehrer usw. - dafür verantwortlich, was aus ihrem Leben geworden ist. Und in aktuellen Situationen? Hier schieben sie meist Kontaktpartnern - wie Chefs, Kollegen oder Lebensgefährten - direkt oder indirekt - die Schuld an ihrer Stimmung zu. Häufig vernimmt man von ihnen folgende Aussagen:

„Ich bin nun mal so!"
„Ich kann aus meiner Haut nicht raus!"

„Wenn der nicht wäre, dann ...!"
Jedes Mal gelingt es Dir, mir die Laune zu verderben!"

Vielleicht kennen Sie diese Denkmuster und Grundhaltungen auch von Ihrer eigenen Person. Dann sind Sie vermutlich häufiger unglücklich als notwendig.

„Es gibt nichts Gutes, außer man tut es". Diese Aussage wird Erich Kästner zugeschrieben. Sie drückt die positiv gerichtete Kraft des „selber tun" deutlich aus. Diese Kraft kann jeder für sich nutzen. Jeder kann lernen, die Fesseln der Fremdbeeinflussung abzuschütteln und sich so zu fühlen, wie er sich fühlen möchte. Schlechte Stimmungen, sagt Prof. Maultsby, Direktor des Zentrums für Rationale Verhaltenstherapie am College of Medicine an der University of Kentucky, sind im täglichen Leben vergleichbar mit dem Rauchen von zwei, drei Zigaretten: Wahrscheinlich sterben Sie nicht davon, aber deshalb sind Persönlichkeitszüge und Denkgewohnheiten, die zu Verstimmungen führen, trotzdem nicht gesund und wünschenswert. Wie Rauchgewohnheiten gelernt (und nicht angeboren) sind, so sind auch gewohnheitsmäßige Verstimmungen oder unglückliche Gefühle angelernt. Warum sollten wir also nicht verlernen oder umlernen können, was wir einmal falsch gelernt haben? Hierfür gibt es nur eine Voraussetzung. Sie müssen es wirklich wollen und bereit sein, dafür Zeit und Energie aufzuwenden.

Die Grundgedanken dieser „Selbsthilfe" sind nicht neu. Sie finden sich schon bei antiken griechischen und römischen Philosophen. Trotzdem haben diese Überlegungen nichts an Aktualität eingebüßt. Im Gegenteil! Mehr denn je torkelt der moderne Mensch, seinen Stimmungen und Gefühlen ausgesetzt, haltlos durch ein Leben, dass ihm aufgrund des allgemeinen Werteverlustes keine moralischen Orientierungspunkte liefert. Die wichtigen und vielleicht sogar überlebenswichtigen Grundgedanken dieser „Selbsthilfe" lauten:

Was sind nun Bewertungen?

Emotionen und Stimmungen entstehen durch Bewertungen, die wir selbst vornehmen.

Diese Bewertungen sind äußerst subjektive Werturteile über Menschen, Situationen und Ereignisse, die wir meistens nicht auf „Richtigkeit oder „Zweckmäßigkeit" hin überprüft haben.

Weil diese Bewertungen in Bruchteilen von Sekunden Gefühle in uns auslösen, nehmen wir sie nicht als Bewertungen wahr. Deshalb richten wir unsere Aufmerksamkeit ausschließlich auf die Intensität der Gefühle.

Gelingt es uns, die Bewertungen zu einer Person, Situation oder einem Ereignis zu verändern, so verändern wir damit auch unsere daraus resultierenden Emotionen.

Unsere Gefühle sind maßgeblich für unser Verhalten. Wollen wir unser Verhalten ändern, so müssen wir die unserem Verhalten zugrunde liegenden Gefühle ändern.

Wollen wir unsere Gefühle ändern, so müssen wir die unseren Gefühlen zugrunde liegenden Bewertungen ändern.

Stark vereinfacht können wir bei uns selbst beobachten, dass unser Denken über Personen, Situationen und Ereignisse aus Sätzen, Befehlen oder Redewendungen besteht, die wir uns selbst im Kopf vorsagen. Denken ist also nichts anderes als Reden mit sich selbst. Diese inneren Gespräche mit uns nehmen wir oft nicht wahr, weil sie sich unterhalb unserer bewussten Wahrnehmung abspielen. Trotzdem laufen sie kontinuierlich in uns ab, weil - wie die Philosophen der Stoa schon vor über 2000 Jahren formulierten - ein Verhalten in einer Situation ohne eine Einschätzung derselben nicht möglich ist. Folglich liegen Bewertungen selbst unseren scheinbar automatisch ablaufenden Verhaltensmustern zugrunde.

Aber lassen Sie uns von vorne beginnen!

Exkurs: Wie Glaubenssätze und Verallgemeinerungen unsere „Wirklichkeit“ entstellen und verzerren

Ein Blick durch das NLP-Fenster

Im Laufe meiner Arbeit als Psychotherapeut sowie Trainer und Berater wurde mir klar, dass viele Elemente, die die Persönlichkeit eines Menschen ausmachen, zwar schon entdeckt und beschrieben, aber der breiten Öffentlichkeit noch nicht bekannt sind.

Eine ähnliche Erfahrung sammelte ich durch das Anwenden des in diesem Buch beschriebenen Modells zur persönlichen Veränderung. Auch hierbei stellte ich fest, dass manche Methoden, die scheinbar an Wunder grenzende Veränderungen in den tiefsten Schichten der menschlichen Persönlichkeit hervorrufen können, zwar in der therapeutischen Praxis genutzt werden, jedoch noch nicht so aufgearbeitet wurden, dass wir sie auch in unserem Alltag nutzen können. Deshalb stelle ich Ihnen in diesem Buch in „Exkursen“ einige Denkmodelle vor, die Ihnen helfen Ihr Verhalten und Ihre Reaktionen zu verstehen und zu verändern. Sie können darin „blättern“, um Ihr Wissen über sich selbst zu ergänzen und zu vertiefen.

Modelle sind Hilfsmittel. Sie helfen zu verstehen, wie etwas funktioniert. Ein Modell ist aber stets nur ein „Fenster“, durch das wir schauen. Es stellt bestenfalls einen „Entwurf“ oder eine „Landkarte“ der Realität dar.

Wie eine Landkarte ist auch ein Modell nicht unbedingt „wahr“. Es ist lediglich ein Abbild der Wirklichkeit. Es hilft uns, ähnlich wie eine Autokarte, die ja auch die vorüberfliegenden Bäume, Flüsse, Berge und Täler nicht darstellt, unser Ziel schnell und sicher zu erreichen.

Auch die folgenden „Modellbeschreibungen" sind keine „Wahrheiten" schlechthin. Sie sind Versuche, das Funktionieren der menschlichen Persönlichkeit zu beschreiben. Gleich Landkarten sind sie Beschreibungen, deren Wert sich darüber bestimmt, ob sie uns zum Ziel führen.

Die Kerngedanken des folgenden Betrachtungsmodells stammen aus der Kognitionsforschung und wurden von Richard Bandler und John Grinder weiterentwickelt. Es heißt Neurolinguistisches Programmieren (NLP) und erklärt, wie wir die Information verarbeiten, die wir aus der Außenwelt aufnehmen.

Beim NLP-Modell beginnt dieser Prozess mit einem äußeren Ereignis, das wir mit unseren Sinnen erfahren. Dieses Ereignis nehmen wir wahr, indem wir mit unseren Sinneskanälen die unterschiedlichsten Informationen aufnehmen. Unsere verschiedenen Sinneskanäle sind dabei:

das Visuelle - schließt das ein, was wir sehen oder wie jemand uns ansieht;
das Auditive - umfasst Geräusche, Worte, die wir hören, und die Art, wie Menschen uns diese Worte sagen;
das Kinästhetische oder von außen hervorgerufene Körpergefühle - Sie umfassen die Berührung durch eine Person oder einen Gegenstand;
das Olfaktorische - das bedeutet Geruch;
das Gustatorische - das bedeutet Geschmack.

Bereits während wir die Information über ein äußeres Ereignis aufnehmen, filtern wir diese. Sie durchquert (siehe Grafik in Abb. Aa) unsere inneren Weiterverarbeitungsfilter. Mit diesen inneren Filtern tilgen, verzerren und verallgemeinern wir die Information, die wir durch unsere fünf Sinne erhalten, noch bevor sich in uns ein inneres Abbild des äußeren Ereignisses aufbaut.

TILGEN

Von „Tilgen“ sprechen wir, wenn wir nur für bestimmte Aspekte unseres Erlebens empfänglich sind und für andere nicht. Tilgen bedeutet, dass wir nach dem Prinzip der selektiven Wahrnehmung bestimmte sensorische Informationen übersehen oder vermeiden. Der Mechanismus der Selektion von Informationen ist den meisten Menschen aus dem Alltag bekannt. So sollten Sie nicht erstaunt sein, wenn Sie, wenn sie gerade den Kauf eines neuen PCs erwägen, häufiger Computerwerbung in den Zeitungen, die Sie durchblättern, und in Ihrer Post wahrnehmen. Warum? Dann dringt plötzlich eine Information in Ihr Bewusstsein, die Sie sonst tilgen. Dieses Tilgen ist ein notwendiger Mechanismus, da wir ansonsten mit mehr Information konfrontiert wären, als unser Bewusstsein verarbeiten und verkraften kann.

VERZERRUNG

Zu Verzerrungen kommt es, wenn durch ein „falsches“ Abbilden der Realität Veränderungen in unserem Erleben der sensorischen Informationen entstehen. In der Zen-Philosophie gibt es eine Geschichte, die das Phänomen der Verzerrung schön illustriert. Es ist die Geschichte vom Seil und der Schlange. Ein Mann ging eines Tages spazieren und entdeckte plötzlich etwas, das er für eine Schlange hielt und schrie: „Schlange! Schlange!“ Als er aufhörte zu schreien und näher hinsah, stellte er erleichtert fest, dass es sich bloß um ein Stück Seil handelte.

Verzerrungen treten auch auf, wenn wir planen. Wir verzerren, um planen zu können, wenn wir phantasierte Zukunftsentwürfe konstruieren.

VERALLGEMEINERUNGEN

Unser Bewusstsein kann normalerweise nur sieben plus oder minus zwei Informationseinheiten zugleich verarbeiten. Oft sind es sogar weniger. Manche Menschen haben schon mit zwei Informationseinheiten Schwierigkeiten. So können zum Beispiel manche Personen nicht gleichzeitig gehen und Kaugummi kauen.

Wie ist das bei Ihnen? Versuchen Sie es: Können Sie mehr als sieben Markennamen einer bestimmten Produktkategorie nennen, zum Beispiel sieben Kaffee-Marken? Ja. Dann sind Sie vermutlich ein passionierter Kaffeetrinker. Die meisten Menschen können nämlich nur zwei oder drei Nennungen aus einer Kategorie aufführen, sofern diese für sie von geringem Interesse ist. Wenn sie an der betreffenden Kategorie brennend interessiert sind, können sie in der Regel nicht mehr als neun Nennungen vornehmen. Dafür gibt es Gründe. Wenn wir nicht ständig aufgenommene Informationen tilgen würden, müssten wir riesige Mengen von Informationen verarbeiten.

Manche Psychologen und Hirnforscher sind sogar die Meinung, dass wir verrückt würden, wenn wir uns ständig aller sensorischer Informationen bewusst wären, die auf uns einströmen. Deshalb müssen wir Informationen filtern.

Die Frage lautet also: „Wenn zwei Leuten denselben Reiz erhalten, warum zeigen sie dann nicht dieselbe Reaktion?" Die Antwort lautet: „Weil wir die von außen kommende Information auf unterschiedliche Weise tilgen, verzerren und verallgemeinern."

Wir tilgen, verzerren und verallgemeinern die Information, indem wir verschiedene innere Verarbeitungsfilter benutzen. Diese Filter sind:

Meta-Programme, Werte, Überzeugungen, Einstellungen, Entscheidungen und Erinnerungen.

META-PROGRAMME

Meta-Programme sind die Verarbeitungsfilter, denen wir uns am wenigsten bewusst sind. Meta-Programme sind inhaltsfreie Filter. Das heißt: Sie haben selbst keinen Inhalt, filtern aber den Inhalt unserer Erfahrungen. Mit unseren Meta-Programmen stabilisieren wir auch unsere Identität. Dies geschieht, indem wir der sensorischen Information, die wir aufnehmen, etwas hinzufügen oder etwas von ihr entfernen, so dass wir die Verallgemeinerungen, die wir ständig machen, aufrechterhalten können. Wenn wir das Meta-Programm einer Person kennen, können wir ihr Verhalten in einer bestimmten Situation recht genau vorherzusagen. Folglich kann man über das Verändern des Meta-Programms einer Person auch auf ihr Verhalten einwirken.

WERTE

Unsere Werte sind uns meist bewusster als unsere Meta-Programme. Werte haben einen Inhalt. Durch diese Filter entscheiden wir, ob wir unsere Handlungen als „gut" oder „schlecht" oder „richtig" oder „falsch" erleben. Unsere Werte bestimmen, wie wir unsere Handlungen empfinden. Sie stehen als eine Hauptmotivationskraft hinter unseren Aktionen.

Die einzelnen Werte sind hierarchisch angeordnet. Die wichtigsten Werte stehen an der Spitze; die weniger wichtigen sind ihnen untergeordnet. Jeder Mensch hat verschiedene Modelle der Welt (innere Abbildungen dessen, wie die Welt ist), diese sind eng mit unseren persönlichen Werten verbunden.

Wenn unser Modell der Welt im Widerspruch zu unseren Werten oder denen anderer Personen steht, mit denen wir kommunizieren, kommt es schnell zum Konflikt. Bandler sagt dazu: „Werte sind die Ideen und Vorstellungen, zu deren Erreichen oder Vermeiden wir bereit sind, Zeit, Energie und Fähigkeiten zu investieren.

Werte sind das, was uns im Leben anzieht oder abstößt. Sie bestimmen, auf welche Personen wir uns zu bewegen und von welchen wir uns distanzieren. Werte sind Verallgemeinerungen über tiefsitzende bewusste oder unbewusste Glaubenssysteme. Sie geben uns vor, was wir als wichtig und als „gut" oder „schlecht" erachten. Werte können sich je nach Kontext verändern. So können Ihre Wertvorstellungen darüber, was Sie sich von einer Beziehung wünschen - abhängig von der Person und der Situation - sehr unterschiedlich sein. Da Werte kontextbezogen sind, können sie auch zustandsbezogen sein. Sie sind jedoch weniger zustandsbezogen als Glaubenssätze.

GLAUBENSSÄTZE

Glaubenssätze sind die nächste Ebene der Filter. Glaubenssätze sind Überzeugungen oder Annahmen, die wir darüber anstellen, ob etwas wahr oder real ist. Sie sind Verallgemeinerungen über den Zustand der Welt.

Richard Bandler sagt dazu: „Glaubenssätze sind jene Dinge, an denen wir nicht vorbeikommen."

Bei der Positiven-Emotions-Steuerung versuchen wir unsere Glaubenssätze zu verändern. Glaubenssätze sind die Vorannahmen, die wir über bestimmte Dinge haben. Sie entscheiden mit darüber, ob wir uns bestimmten Problemen, Aufgaben usw. stellen oder nicht. Sie sind mitverantwortlich für das Bereitstellen von körperlicher Energie. Vermutlich spielen unsere Glaubenssätze auch für unsere Gesundheit eine stärkere Rolle, als die Schulmedizin gemeinhin annimmt. Die noch junge Disziplin der PNI (Psycho-Neuro-Immunologie)-Forschung widmet sich unter anderem dieser Wechselwirkung.

Glaubenssätze stellen auf der Ebene der Filter im wesentlichen die Ein-/Ausschalter für unsere Fähigkeiten dar, in der Welt etwas zustande zu bringen; denn wer nicht glaubt, dass er zu etwas fähig ist, begibt sich in der Regel auch nicht in Situationen, in denen er ausprobieren muss oder kann, ob er dazu in der Lage ist.

Um die Glaubenssätze eines Menschen zu bearbeiten, ist es zunächst wichtig herauszufinden, aufgrund welcher Glaubenssätze die betreffende Person tut, was sie tut. Auch die einschränkenden Glaubenssätze, also jene, die die Person daran hindern, das zu tun, was sie gerne tun möchte, müssen ermittelt werden.

EINSTELLUNGEN

Einstellungen sind Ansammlungen von Werten und Glaubenssätzen, die sich auf ein Thema beziehen. Unsere Einstellungen sind uns meist weitgehend bewusst; zumindest können wir sie uns zugänglich machen. So sagen Menschen häufig: „Das ist eben meine Einstellung." Veränderungen auf der Ebene von Einstellungen sind oft schwerer zu erreichen als solche auf der Ebene von Werten. Viele Trainer können ein Lied davon singen, wie schwierig Einstellungsänderungen zu bewerkstelligen sind.

ERINNERUNGEN

Der fünfte Filter ist unser Pool von Erinnerungen (siehe auch Exkurs Gehirn). Erinnerungen beeinflussen unsere Wahrnehmungen und unsere Persönlichkeit tiefgreifend. Sie stiften unsere Identität und stellen dar, wer wir sind. Manche Psychologen glauben sogar, dass mit zunehmendem Alter unsere gegenwärtigen Reaktionen tatsächlich Reaktionen auf „Gestalten" (Ansammlungen von Erinnerungen zu einem bestimmten Thema) früherer Erinnerungen sind und die Gegenwart für unser Verhalten eine eher geringe Rolle spielt.

ENTSCHEIDUNGEN

Den sechsten und letzten Filter stellen Entscheidungen dar, die wir in der Vergangenheit getroffen haben. Dieser Filter ist eng mit den Erinnerungen verknüpft. Selbstgefasste Beschlüsse darüber, wer wir „wirklich" sind, können unser gesamtes Leben nachhaltig beeinflussen. Entscheidungen können direkt Überzeugungen, Werte, Einstellungen hervorbringen; sie können aber auch nur zeitlebens unsere Wahrnehmungen beeinflussen.

Das Problem bei vielen Entscheidungen ist, dass sie unbewusst oder in einem sehr jungen Alter getroffen wurden. Manchmal entscheiden wir zudem zu einem bestimmten Zeitpunkt etwas und vergessen, unsere Entscheidung zu einem späteren Zeitpunkt zu überdenken, weil wir uns weiterentwickelt haben und sich unsere Wertvorstellungen geändert haben. Solche nicht überarbeiteten Entscheidungen (besonders die einschränkenden) beeinflussen unser gegenwärtiges Leben oft in einer Art, die wir ursprünglich nicht beabsichtigt hatten.

Entscheidungen und Erinnerungen können im Bereich des Bewussten und des Unbewussten angesiedelt sein. Individuelle Entscheidungen und Erinnerungen können mehr oder weniger bewusst sein als bestimmte Werte, Glaubenssätze und Einstellungen.

Diese sechs Filter bestimmen, welche Informationen wir aufnehmen, wenn wir eine „Interne Repräsentation" (I.R.) irgendeines Ereignisses anlegen. Es ist unsere „Interne Repräsentation", die bewirkt, dass wir uns in einem bestimmten „State" befinden und die entsprechenden körperlichen Reaktionen wie zum Beispiel Nervosität, Erregung oder Angstzustände bei uns hervorgerufen werden. Der Begriff „State" bezeichnet den inneren emotionalen Zustand einer Person, das heißt, ob sie sich in einem glücklichen, ängstlichen, traurigen, motivierten oder wütenden Zustand befindet.

Unsere I.R. schließt unsere inneren Bilder, Geräusche und Dialoge und unsere Gefühle ein (ob wir zum Beispiel motiviert, herausgefordert, erfreut, erregt usw. sind). Der Zustand, in dem wir uns befinden, bestimmt unser Verhalten. Die I.R. des Ereignisses verbindet sich also mit der Physiologie und ruft einen bestimmten Zustand hervor. Unsere Filter bestimmen also in gewisser Weise unsere Handlungen, denn unsere I.R. hängt stark davon ab, was sie tilgen oder zurückhalten.

Wie ist es möglich, dass zwei Menschen demselben Ereignis beiwohnen, und der eine es toll und der andere es schrecklich findet? Das kommt daher, dass unsere I.R. stark von unseren Filtern abhängt.

Wenn wir zudem berücksichtigen, dass bei diesem (Denk-) Modell „die Landkarte" - also die interne Repräsentation - nicht das Land selbst ist, so folgt daraus, dass unsere Erfahrung etwas ist, das wir buchstäblich in unserem Kopf erfinden.

Wir erfahren die Wirklichkeit (wenn überhaupt) stets nur indirekt, da wir ständig Informationen tilgen, verzerren und verallgemeinern. Im Grunde genommen erleben wir stets nur unser eigenes Erleben und nicht die Realität selbst.

Das Abbild der Realität ist in jedem Kopf anders. Dies lehrt uns, wie es der Kommunikationsforscher Paul Watzlawick formulierte, auf der einen Seite die Toleranz für die Andersartigkeit des anderen und auf der anderen Seite die Übernahme von Verantwortung für unsere eigene Konstruktion der Welt. „Die Reife des Menschen", soll Kierkegaard gesagt haben, „drückt sich in der Fähigkeit aus, andere in ihrer Andersartigkeit zu akzeptieren".

Bei einer 1970 an der Universität von Pennsylvania durchgeführten Studie über Kommunikation stellten die Untersucher fest, dass nur sieben Prozent der Information, die wir beim Kommunizieren mit anderen aussenden, aus unseren Worten und dem Inhalt dessen, was wir sagen, besteht. Achtunddreißig Prozent unserer Information, die wir an unsere Gesprächspartner aussenden, resultiert aus unserem verbalen Verhalten, wozu der Ton unsere Stimme, ihr Timbre sowie unsere Sprechgeschwindigkeit und unser Stimmvolumen zählen. Fünfundfünfzig Prozent der von uns ausgesandten Information resultiert aus unserem nonverbalen Verhalten, das heißt unserer Körperhaltung, Atmung, Hautfärbung und Bewegung. Nur wenn unser verbales und nonverbalen Verhalten für unsere Gesprächspartner übereinstimmt, wirken wir für sie glaubwürdig. Sagen wir zum Beispiel „Meine Arbeit macht mir Spaß", zeigen dabei aber eine Leichenmiene, so ist die Wahrscheinlichkeit gering, dass unsere Aussage glaubhaft wirkt.

NLP-Kommunikationsmodell

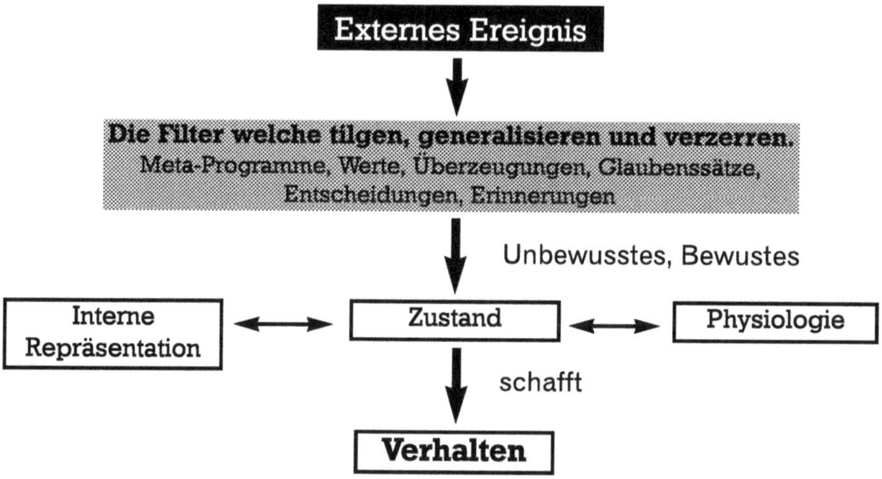

Vertiefende Literatur

Hinweise zur Erkennung von Methoden der Tilgung, Verzerrung und Verallgemeinerung finden Sie in: Richard Bandler / John Grinder, Metasprache und Psychotherapie - Die Struktur der Magie I, Jungermann, Paderborn 1990 (6. Auflage); Tad James / Wyatt Woodsmall, NLP-Konzepte zur Grundstruktur der Persönlichkeit, 1992.

3. Einige theoretische Grundlagen für angemessenes Denken und Positive-Emotions-Steuerung PES

Die Prinzipien des angemessenen Denkens und der PES sind nicht neu. Sie wurden von Philosophen der griechischen Antike vor mehr als 2000 Jahren als eine Methode entwickelt, um das Denken und Verhalten der Menschen zu verstehen. Anschließend griffen zahlreiche philosophische Strömungen diese Gedanken auf. Einer breiteren Öffentlichkeit wurde dieses Gedankengut jedoch erst vor ca. 30 Jahren durch den Psychologen Albert Ellis bekannt. Er begann diese Prinzipien des angemessenen Denkens anzuwenden, um Menschen mit psychischen Problemen zu helfen und entwickelte daraus eine eigene therapeutische Schule.

Wie lauten diese Prinzipien?

Die wichtigste Erkenntnis ist vielleicht die, dass nur Menschen die Fähigkeit haben zu denken und zu disputieren. Welche Situationen auch immer auf uns warten, wir haben immer eine ganz persönliche Meinung, ein Werturteil oder eine spezifische Auffassung darüber. Jederzeit benutzen wir die vielfältigen Erfahrungen und Programme unserer Lebenserfahrung und ziehen daraus entsprechende Schlüsse.

Letztlich ist das, was wir Denken nennen, nichts anderes, als dass wir in einfachen Begriffen, Sätzen und automatisierten Redewendungen mit uns selbst sprechen. Manche Menschen tun dies sogar laut und vernehmbar, meist sprechen wir jedoch leise und unhörbar für andere mit uns selbst.

In der Regel merken wir im Trubel des Alltags sogar nicht einmal, dass und was wir zu uns selbst sagen, weil dieser Vorgang sich blitzschnell in unserem Gehirn vollzieht und jenseits unseres wachen Bewusstseins abläuft. Meist beurteilen wir eine Situation so schnell, dass wir den Eindruck haben, wir hätten gar nicht darüber nachgedacht.

Sieht man von körperlichen Auslösemechanismen, wie Krankheiten oder äußerlichen Einflüssen wie Drogenkonsum ab, so hängen unsere Emotionen oder Gefühle weitgehend von der Art ab, wie wir Situationen innerlich bewerten.

Wir bekommen die Gefühle, die zu unseren Bewertungen passen.

Je extremer wir Situationen, Personen oder Ereignisse bewerten, desto intensiver sind unsere Gefühle und dem entsprechen auch unsere Verhaltensweisen. Denn unser Handeln folgt in der Regel, direkt unseren Gefühlen. Wie wir uns verhalten, steht meist in direkter Beziehung zu der Art und Weise, wie wir in einer bestimmten Situation denken und fühlen.

Unsere Gedanken lösen also Gefühle aus, und die wiederum beeinflussen unser Verhalten.

Wenn nun unsere Gedanken und Ideen auf „falschen" Vorurteilen, Verzerrungen und Verallgemeinerungen basieren, dann ist die Gefahr groß, dass unsere Gefühle und Handlungen, die hieraus entspringen, in vielen Situationen Schwierigkeiten und Probleme hervorrufen. Zeigen wir eine solch „unangemessene" Art zu denken häufig und automatisieren sie letztlich sogar, so resultieren hieraus destruktive Muster, die auf Dauer unser Selbstbewusstsein hemmen oder zerstören. Aus solchen „Antriebskräften", über die ein zu schwaches Selbstbewusstsein kompensatorisch verfügt, resultieren dann oft emotionale Störungen und eine mangelnde soziale Kompetenz im Umgang mit sich und anderen.

PES soll Sie anleiten, Ungenauigkeiten und Unrichtigkeiten in Ihrem Denken zu erkennen, um sich selbst und die Umwelt vernünftiger - im Sinne von angemessener - zu sehen und entsprechend kompetent zu reagieren.

4. Die A-B-C -Analyse bei PES

In den folgenden Kapiteln möchte ich Ihnen mit möglichst einfachen Worten beschreiben, was angemessenes Denken bedeutet, und wie der Prozess der Positiven-Emotions-Steuerung funktioniert. Der Grund: Ich möchte mit der PES ein Modell anbieten, das Ihnen hilft, negative und unangemessene Emotionen zu verändern.

Wie ist dies möglich?
Ganz einfach mit Hilfe der A-B-C-Methode. Dieses funktioniert wie folgt:
Es passiert etwas, z. B. Ihr Chef kritisiert Ihre Arbeit. Sie reagieren darauf mit Wut und Ärger und verteidigen sich.

Dann lautet die entscheidende Botschaft:
Nicht die Kritik an Ihrer Arbeit ruft Ihren Ärger oder Ihre Verteidigungshaltung hervor. Vielmehr verursachen Ihre in-

nere Haltung oder Ihre persönlichen Glaubenssätze Ihre Emotionen.

Sofern Sie diese Grundaussage akzeptieren, könnte die Anatomie einer solchen Botschaft wie folgt aussehen:

A. Ereignis - es passiert etwas (Kritik vom Chef)
B. Bewertung - wir bewerten das Ereignis mit unserem Bewertungssystem (über die Kritik)
C. Konsequenz - Wir empfinden Emotionen und zeigen Reaktionen, die zwar unserer Bewertung entsprechen, dem Ereignis aber angemessen und unangemessen sein können.

Dieses A-B-C-Prinzip sei an einem Beispiel verdeutlicht. Es ist dem wirklichen Leben entnommen.

In einem meiner Seminare war eine Teilnehmerin vollkommen außer sich, weil ihr Chef sie zum nächsten Ersten entlassen hatte. Sie beschrieb ihre Gefühle, die man schon von ihrem Gesicht ablesen konnte, als Depression, Ärger (auf ihren Chef). Sie fühlte sich wertlos und ohne Hoffnung. Sie berichtete, dass sie den ganzen Tag geweint habe, dass sie nichts essen könne, dass sie Selbstmordgedanken habe und nicht zur Arbeit gegangen sei. Außerdem bekam sie wegen „Peanuts“ Streit mit ihrem Lebensgefährten. Ihr Privatleben werde dadurch auch nicht harmonischer.

Nach dem A-B-C-Schema ergibt sich:

A. Ereignis: Ich wurde entlassen.
B. Gedanken (darauf kommen wir später zurück)
C. Emotionale Reaktion oder Gefühle

Diese emotionale Reaktion beschrieb die Teilnehmerin wie folgt:

„Ich wurde sehr traurig und intensiv ärgerlich. Ich hatte das Gefühl, dass alles nie mehr so sein würde wie vorher, und

ich weinte, konnte nicht mehr essen, hatte Selbstmordgedanken, ging nicht mehr zur Arbeit und bekam Streit mit dem Partner."

Aufgrund der Theorie des angemessenen Denkens arbeitete ich daraufhin heraus, dass „C" nicht durch „A" verursacht wurde. Wir hielten zudem fest, dass, wenn man entlassen wird, dies durchaus unangenehme Folgen haben kann. Aber eine Entlassung muss keine Katastrophe sein. Nur wenn man sie in einer bestimmten Art betrachtet, erscheint sie als Katastrophe. Darum fragte ich die Teilnehmerin nach ihrer persönlichen Meinung über die Kündigung. Zuerst zögerte sie und behauptete, keine Meinung darüber zu haben. Nach intensivem Nachfragen antwortete sie aber:

„Es ist nicht richtig von ihm, so etwas Gemeines zu tun. Ich kann es nicht ertragen, so behandelt zu werden. Dazu hat er nicht das Recht. Das durfte er nicht tun. Ich werde es ihm heimzahlen. Wer will denn noch eine Sekretärin in meinem Alter? Ich bin verzweifelt. Ich fühle mich als Versagerin."

Mit dieser näheren Information war es nun relativ simpel zu verstehen, warum die Sekretärin so außer sich war. Nun können wir auch den Teil „B" in unserem Schema ausfüllen.

A. **Ereignis:**
Ich wurde im Stich gelassen.

B. **Gedanken oder Meinung:**
Es ist nicht richtig von ihm. Ich kann es nicht ertragen. Das hätte er nicht tun dürfen. Ich werde es ihm heimzahlen. Keine Chance mehr in meinem Alter. Ich bin eine Versagerin.

C. **Emotionale Reaktion oder Gefühle:**
Ich wurde depressiv, ärgerlich, ich hatte das Gefühl rundherum versagt zu haben. Ich weinte, konnte nicht essen, hatte Selbstmordgedanken, ging nicht mehr zur Arbeit und bekam Streit mit meinem Partner.

Die oben genannten Gedanken unter „B“ sind ein schönes Beispiel für unangemessenes Denken. Vermutlich würde jeder andere Mensch mit gleicher Auffassung auch „entgleisen“ und sehr deprimiert sein. Genau wie der Teilnehmerin in dem Beispiel wird es Ihnen vermutlich auch nicht leicht fallen zu akzeptieren, dass solche Gedanken einfach falsch oder unangemessen sind und nicht auf Tatsachen beruhen.

Viele Menschen sind grundsätzlich der Meinung, dass solche Gedanken angesichts einer Entlassung angemessen sind. Vielleicht meinen Sie sogar, es gebe gar keine andere Möglichkeit eine solche Situation zu beurteilen und jeder hätte an dieser Stelle genau das Gleiche gefühlt.

Lassen Sie uns nun einmal genau herausarbeiten, was unangemessenes Denken ist und wodurch es verursacht wird.

5. Die Fallstricke bei negativer Emotionskontrolle

Durch welche Gedanken kommen Menschen aus dem Gleichgewicht? Gibt es bestimmte Muster oder Gedanken, durch die man unglücklich wird?

Der Psychologe Albert Ellis hat lange geforscht, bis er feststellte, die Bewertungsmuster, die uns unglücklich machen und zu Depressionen führen, haben etwas gemeinsam. Sie enthalten meistens eins der folgenden Worte oder sogar beide!

„Schrecklich" und „Müssen"

Der Begriff „schrecklich" enthält eine Menge Übertreibungen und Extreme wie furchtbar, abscheulich, erschreckend, entsetzlich. Menschen glauben, dass etwas schrecklich ist, wenn wir zum Beispiel zu uns oder zu anderen sagen:

„Es ist furchtbar!“
„Lieber Himmel!“
„Ich kann es nicht ertragen!“
„Mein Gott!“

Der Begriff „müssen“ enthält absolute Auffassungen wie „es gehört sich“, „es ist notwendig“, „es darf nicht anders sein“. Solche sogenannten “Mussturbationen” sind vorhanden, wenn wir sagen:

„Der soll sich nicht so verhalten!“
„Ich muss besser sein als andere!“
„Man darf mich nicht entlassen!“
„Ich möchte anders behandelt werden!“

Solche Sätze, Worte oder Bezeichnungen sind Ausdruck innerer Werthaltungen, die entsprechende emotionale Probleme auslösen.

Unsere Haltung bei schrecklich ist immer eine irreale Übertreibung. Wenn wir ein Ereignis als schrecklich kennzeichnen, wird aus diesem Ereignis eine „schreckliche“ Enttäuschung, ein „schreckliches“ Unglück oder eine „schreckliche“ Katastrophe.

Es ist genauso, als ob wir sagen würden: *„Der über Nacht auf meiner Nase gewachsene Pickel ist vermutlich der Ausdruck einer schlimmen Krankheit. Vermutlich muss ich sterben.“* Wer so denkt, macht aus einer etwas bedauerlichen oder unglücklichen Situation etwas ganz Schlimmes, während man dasselbe Phänomen bei einer angemessenen Betrachtung höchstens als unbequem oder unglücklich einstufen würde.

Das Verhalten bei Müssen ist immer eine unangemessene Forderung. Wenn Sie zu sich selbst sagen, dass etwas muss, dann machen Sie aus einem Wunsch eine Forderung. Es ist vergleichbar damit, als würden Sie sagen „Ich muss

1,80 Meter groß sein", obwohl Sie nur 1,70 Meter messen. Oder dass Sie fordern würden, dass es jetzt einfach nicht regnen darf, weil Sie doch eine Radtour geplant oder Gäste für die Gartenparty eingeladen haben.

Wie können wir nun im Sinne der **PES**© mit „es muss" und „es ist schrecklich" konstruktiv umgehen? Wir sollten uns konsequent hinterfragen und die Angemessenheit unserer Bewertung zur Diskussion stellen.

Wie funktioniert dies?

Ganz einfach, indem Sie sich fragen: *Warum?* Immer, wenn Sie etwas schrecklich finden, stellen Sie sich die Frage: *Warum* ist es *schrecklich*?

Gibt es einen Beweis dafür, dass es *schrecklich* ist? Wenn Sie so jede Bewertung genau untersuchen, dann werden Sie entdecken können, dass *nichts schrecklich* ist.

Oh, Gott werden Sie jetzt vielleicht sagen, soll ich nun zukünftig alles, was ich denke, auf Angemessenheit überprüfen? Keine Panik, es geht nur um die Bewertungen von intensiven negativen Gefühlsmomenten im Vorfeld, die ja immer die Anwesenheit einer unangemessenen Bewertung signalisieren. Meist werden Sie vermutlich gerade bei „schrecklichen" Signalen schnell feststellen, dass die jeweilige Situation zwar unbequem oder einfach lästig ist, Ihre Bewertung mit schrecklich und qualvoll aber eher maßlos überzogen ist. Es ist tatsächlich sehr unwahrscheinlich, dass etwas wirklich furchtbar oder abscheulich ist.

Gelingt es Ihnen in einer solchen Situation tatsächlich die Temperatur etwas herunterzudrehen und die Situation angemessener zu bewerten, dann können Sie zwar noch erregt und emotional werden, aber Sie kochen nicht mehr über und sind „außer-sich". Sie verlieren nicht mehr die Fassung, wenn die Dinge schwierig werden, und dies kann für Sie und Ihre Umgebung schon sehr entscheidend sein. Damit wollen wir nicht abstreiten, dass Sie tatsächlich tagtäglich mit Unbequemlichkeiten, Störungen, Ungereimtheiten usw. konfrontiert sind. Diese jedoch als „schrecklich" oder als „Katastrophen" zu bezeichnen, ist maßlos und vor allem gedankenlos übertrieben. Die meisten „Katastrophen" und „Schrecken" sind, wie Ellis sagte, Gespenster und Dämonen, die nur in unseren Köpfen leben.

Ähnlich ist es bei den meisten „Muss-Konstellationen". Stellen Sie sich oder anderen, wenn sie auftreten immer wieder die Frage: *„Warum muss es?"*

„Wer sagt, dass es muss"? Die Antwort auf ein „es muss" ist dann meistens: „Es muss nicht". Nichts muss genauso sein, wie Sie das unbedingt wollen, auch wenn es für Sie gerade schwer ertragbar ist. Vielleicht wäre es komfortabler für Sie, wenn die Dinge so wären, wie Sie es wünschen, aber das bedeutet nicht, dass sie so sein müssen oder so sein sollten.

Es ist sehr wichtig, sich bewusst zu machen, dass die Dinge so sind, wie sie sind und nicht so, wie wir sie oft haben wollen. Die Wirklichkeit ist so, wie sie ist und nicht so, wie wir glauben, ein Recht darauf zu haben. Kein Mensch ist verpflichtet, Ihnen bestimmte Bedürfnisse oder Wünsche (wie Liebe, Anerkennung, Gehorsam, Erfolg oder Ansehen) zu erfüllen. Auch dann nicht, wenn es in Ihren Augen berechtigte Gründe gäbe, eine solche Forderung aufzustellen - so z.B., weil Ihre Erziehung sehr desolat verlief oder weil Sie in Ihrem Leben schon viele Entbehrungen und Rückschläge hinnehmen mussten oder schlichtweg, weil es jemand anderem besser geht als Ihnen.

Sie sind nicht der Lenker der Welt. Die Dinge müssen nicht so sein, wie Sie das unbedingt wollen oder sogar fordern.

Exkurs: Lernen und Gehirn

Die Fähigkeit zu lernen ist laut Gilbert J. Probst neben der Fähigkeit zum „Vernetztem Denken“ und zum „Konstruieren von Wirklichkeiten“ die wichtige Schlüsselqualifikation für unsere Zukunftstauglichkeit. Eine Trainer-Akademie-München-Studie aus dem Jahr 1995 zeigte jedoch, dass ein hoher Prozentsatz der befragten Führungskräfte zum Stichwort „lernen“ das Wort „Schule“ assoziiert. Die Studie zeigte zudem, dass das Wort „lernen“ durchgängig negativ besetzt ist und bei allen Befragten unangenehme Gefühle hervorruft.

Dies bedeutet, dass die wichtigste Schlüsselqualifikation für die Zukunftsbewältigung nicht unproblematisch entwickelt werden kann. Die Ursache hierfür bilden mentale Modelle, also innere Einstellungen und Arbeitstechniken, die eher an mittelalterliche Klosterschultraditionen erinnern, als an moderne lernbiologisch und hirnphysiologisch orientierte Lernstrategien. Die alte mechanistische Einstellung, wie Wissen aufbereitet, transportiert, verankert, gespeichert und anschließend wieder aktiviert wird, betrachtet das menschliche Gedächtnis in erster Linie als Speicher, in dem Informationen, Daten und Fakten abgelegt werden. Lernen wird auf die reine Wissensvermittlung reduziert.

Diese Einstellung wurde durch die Ergebnisse der frühen Hirnforschung verstärkt. Dort wurde zwischen einem **Kurzzeit-** und einem **Langzeitgedächtnis** unterschieden.

„Wiederholt Euren Lernstoff immer noch einmal am nächsten Tag, denn so wird der Stoff im Langzeitgedächtnis besser abgespeichert“, lautete die immer wiederkehrende Elternbotschaft.

Später kam zu diesen Einheiten noch das sogenannte Arbeitsgedächtnis hinzu. Dieser auf elektrischer Basis operierende **Ultra-Kurzzeitspeicher** hat eine Kapazität von nur wenigen Sekunden und angeblich nur sieben Einheiten. Wir brauchen diesen Speicher für elementare Operationen, wie z. B. beim Kopfrechnen, oder um längere Sätze gut zu Ende zu bringen.

Diese Unterscheidung in Ultrakurz-, Kurz- und Langzeitgedächtnis ist nach wie vor gültig. Doch die Hirn- und Lernforscher entfernen sich immer mehr von dem instrumentellen Bild des Gehirns als Wissensspeicher. Eine größere Bedeutung gewinnt hingegen das Lernen durch Erfahrung. Erinnerungen an persönliche Erfahrungen scheinen dem reinen Faktenwissen deutlich überlegen zu sein, und Erinnerungen an Erlebnisse, wie sie in modernen Trainings durch erlebnispädagogische Übungen evoziert werden, gewinnen bei der positiven Beeinflussung menschlichen Verhaltens an Bedeutung. Der Bielefelder Forscher und Psychologe Hans Markowitz nennt diesen Speicher **autobiographisches Gedächtnis**.

Nach ihm verbindet beide Instanzen, dass die Erinnerung bewusst erfolgt. Wenn ich mich an meine letzte Bootsfahrt auf dem Lago Maggiore erinnere, dann weiß ich in dem Moment, dass ich mich erinnere.

Unser Gedächtnis hat aber auch unbewusste Komponenten. Eine davon ist das sogenannte **prozedurale Gedächtnis**. Es umfasst Erinnerungsvermögen für routinemäßige Bewegungen und alltägliches Verhalten. Für Dinge also, die uns in Fleisch und Blut übergegangen sind, wie z.B. die Fähigkeit mit Messer und Gabel zu essen, zu schreiben oder Fahrrad zu fahren.

Kennzeichnend für das prozedurale Gedächtnis ist, dass wir uns die dort gespeicherten Informationen zwar irgendwann einmal mühsam angelernt haben, seitdem können wir sie aber automatisch abrufen, ohne nachzudenken.

Ein Beispiel: Ein routinierter Autofahrer muss nicht mehr überlegen, was er tun muss, wenn er beim Autofahren vom ersten in den zweiten Gang schalten möchte. Er muss den Prozess, aufzupassen, wann die Kupplung kommt, wann er Gas geben muss und wann geschaltet wird, nicht mehr kontrollieren.

Die vierte und letzte Form der Speicherung von Informationen ist das sogenannte **Priming**. Hierfür ein Beispiel: Sie sitzen im Büro und hören nebenbei Radio. Plötzlich wird eine bestimmte Melodie gespielt, und Sie fangen an, den Text automatisch mitzusingen.

Diese Form der Erinnerung nennt Markowitz Priming und übersetzt diesen Begriff mit Prägung oder Bahnung. Das Priming ermöglicht uns, Dinge wiederzuerkennen, indem wir verschiedenartige Informationen miteinander in Beziehung setzen, wie z. B. Stimmen zu Personen oder Bildern zu Gegenständen.

Diese Form der Speicherung von Informationen ermöglicht es uns auch, wie der Gehirnforscher Wilder Penfield schon in den 60er Jahren feststellte, Gerüche oder taktile Wahrnehmungen mit Erlebnissen, die vielleicht schon Jahre zurückliegen, in Beziehung zu setzen.

Wie stark bzw. widerstandsfähig - verglichen mit dem Erinnern an Faktenwissen oder den persönlichen Erlebnissen - das Priming und das prozedurale Gedächtnis sind, erläutert Markowitz am Beispiel von Personen mit einem Hirnschaden.

„Da gibt es eine Reihe Beispiele auch von Alzheimer-Patienten, die sehr gut Trompete spielen konnten, aber nicht mehr wussten, was sie da jetzt eigentlich spielen oder wie die Texte dazu heißen. Gerade bei derartig dementen Patienten kann man so etwas ausnutzen und sie speziell in diesen Gebieten fördern."

6. Wie PES© im Alltag funktioniert

Wenn etwas passiert und Sie denken: „Das hätte nicht passieren dürfen“, dann meinen Sie in Wirklichkeit, dass Sie nicht wollten, dass es geschah. Dann ist Ihr Denken nicht realistisch, also unangemessen. Dinge geschehen in dieser Welt nämlich einzig und allein, wenn alles, was für ihr Zustandekommen nötig war, geschehen ist. Das ist ein wichtiges Prinzip des rationalen Denkens.

Die Welt, in der wir leben, ist ein Ort, wo Ereignisse sich erst dann ereignen, wenn alle Bedingungen für ihr Erscheinen erfüllt sind. Nur dann geschieht etwas.

Wir wollen uns das an einem Beispiel deutlich machen.

Stellen Sie sich vor: Sie wollen eines Abends ins Kino gehen, um einen Film zu sehen, der in aller Munde ist. Beim Kino angekommen, stellen Sie sich in der langen Schlange an, die vor der Kasse wartet. Als Sie an der Reihe sind, stellt sich heraus, dass alle Karten ausverkauft sind, und Sie zumindest an diesem Abend den Film nicht sehen können. Dabei haben Sie so lange in der Schlange gewartet. Schade! Doch müssen Sie den Film ungedingt sehen?

Wenn Sie *vernünftig* denken, sagen Sie: „Es wäre schön gewesen, ich wollte es gern, aber ich musste den Film nicht sehen. Leider gab es keine Karten mehr. Pech gehabt."

Wenn Sie *unvernünftig* denken, sagen Sie: „Verdammt, jetzt habe ich die ganze Zeit gewartet, das gehört sich nicht, und ich muss den Film auch sehen!"

Dann werden Sie ärgerlich.

Wir wollen kurz bei diesem Beispiel bleiben. Stellen Sie sich vor: Sie stehen in der Schlange, Sie rücken weiter vor und sind dann dran. Sie bitten um eine Karte, die junge Frau reißt eine ab und nennt den Preis. In dem Augenblick, als Sie bezahlen wollen, bemerken Sie, dass Sie Ihr Geld vergessen haben. Sie müssen ergebnislos nach Hause gehen.

Nun haben Sie eine lange Zeit in der Schlange gewartet und wollen den Film gerne sehen. Aber *müssen* Sie ihn darum auch sehen? Wenn Sie vernünftig denken, dann sagen Sie: „Es wäre schön gewesen, aber von einem *Müssen* kann keine Rede sein. Leider hatte ich kein Geld dabei." Wenn Sie unvernünftig denken, sagen Sie: „Wie konnte ich so dumm sein, was bin ich doch für ein Kamel; wie konnte ich das Geld vergessen, den Film musste ich doch sehen." Dann werden Sie ärgerlich auf sich selbst.

Nach diesem Beispiel hätten Sie den Film nur unter drei Bedingungen sehen können:

Wenn Sie es gewollt hätten;
Wenn es eine Karte gegeben hätte;
Wenn Sie Geld gehabt hätten.

Nur dann wären alle Faktoren erfüllt gewesen, um den Film sehen zu können.

Wie Sie sehen, genügt es nicht, nur zu wollen, um den Film auch zu sehen. Sie können nun leicht einsehen, dass der Gedanke „Ich will es und darum muss es" nicht realistisch und unangemessen ist. Denn die Dinge geschehen nicht, weil Sie sie wünschen. Wenn man so denkt, wird man außerdem ärgerlich und hat ein unangenehmes Gefühl. Und das, was Sie wollen - wie den Film sehen - erreichen Sie auch nicht.

7. Wie PES© gelernt wird

Wir wollen nun untersuchen, wie Sie damit beginnen können, bei sich selbst die *unangemessenen* Gedanken zu erkennen und zu ändern. Wir wollen dies anhand eines Beispiels aus dem täglichen Leben tun.

Stellen Sie sich bitte eine 24jährige Büroassistentin vor, die sich stets selbst erniedrigt und die ein Minderwertigkeitskomplex plagt. Eines Tages stellte sie beim Arbeiten fest, dass sie vergessen hatte, Druckerpatronen für den einzigen Laserdrucker in ihrem Büro rechtzeitig nachzubestellen. Deshalb konnte der Drucker zwei, drei Stunden nicht benutzt werden. Wegen ihres Versäumnisses wurde sie von ihrem Chef und ihren Kollegen getadelt. Im Gespräch mit mir beschrieb sie sich selbst als jemanden, der sich wertlos und minderwertig fühlt. Hierin fühlte sie sich durch das Ereingis bestätigt.

Wir wollen einmal mit der Positiven-Emotions-Steuerung PES untersuchen, was wirklich geschah.

A. **Das Ereignis**
etwas vergessen: Druckerpatronen nachzubestellen
B. **Die Gedanken** (diese lassen wir noch einen Augenblick offen)
C. **Die Gefühle oder Emotionen** - verletzt, wertlos, minderwertig
Die junge Frau erzählte, dass folgendes durch ihren Kopf ging:
„Oh Gott, ich habe vergessen, Druckerpatronen zu bestellen!"
„Wieder so ein Schnitzer!"
„Wie konnte ich nur so dumm sein!"
„So etwas Einfaches hätte ich behalten müssen!"
„Was bin ich für ein Nichtsnutz!"
„Wie konnte ich nur so ein Idiot sein!"

Haben Sie alle „es muss" und „es ist schrecklich" in diesen Gedanken erkannt? Sehen Sie, dass sie zu einer Selbstanklage und -verwerfung führen? Mit anderen Worten: Wer dauernd „es muss" oder „es ist schrecklich" zu sich sagt, der kann sich selbst oft nicht mehr leiden und beschuldigt sich selbst.

Wir wollen die Gedanken der jungen Frau einmal formulieren und sie in das A-B-C-Schema einsetzen:

A. **Das Ereignis**
etwas vergessen: Druckerpatronen nachzubestellen
B. **Die Gedanken:**
Es ist *schrecklich*, dass ich diesen Fehler gemacht habe. Ich hätte daran denken *müssen*. Ich habe diesen Fehler begangen, also bin ich ein vollkommener Idiot.
C. **Die Gefühle oder Emotionen**
verletzt, wertlos und minderwertig.

So viele „es muss" und „es ist schrecklich", wie die getadelte Büroassistentin sich selbst vorsagt, müssen dazu führen, dass man nervös wird. Die Frage, um die es hier geht, ist: Wie behandeln wir eine solche Situation, und wie fassen wir das Problem an?

Nun: Das tun wir dadurch, dass wir unserem bekannten Schema „D“ und „E“ anfügen. So bekommen wir dann A, B, C, D und E.

„D“ ist der Punkt, an dem wir die Gedanken von „B“ auf ihre Vernünftigkeit prüfen, indem wir sie zur Diskussion stellen, und bedenken.

„**D**“ bedeutet, dass wir erproben, wie angemessen die Gedanken unter „B“ sind. Jeden unangemessenen Gedanken ersetzen wir durch einen angemessenen. Wenn wir das Beispiel der Büroassistentin nehmen, dann machen wir für „D“ folgendes:

Bei jedem Gedanken bei „B“ fragen wir:
„Warum?“
Beim ersten Gedanken von „B“:
„Warum ist es schrecklich, dass ich diesen Fehler machte?“
Beim zweiten Gedanken von „B“:
„Warum hätte ich daran denken müssen?“
Beim dritten Gedanken unter „B“:
„Warum macht ein Fehler mich zu einem Kamel oder einem Idioten?“

Mit dem nächsten Schritt gehen wir daran, die „Warums“ angemessen zu beantworten und so unsere Gedanken über eine bestimmte Situation zu verändern.

Der 1. Gedanke:

„Warum ist es *schrecklich*, dass ich diesen Fehler gemacht habe?“

Die angemessene Antwort:

„Es ist gar nicht schrecklich. Niemand macht gerne Fehler, aber das heißt nicht, dass es schrecklich ist, wenn jemand einen macht. Es kann lästig und unerfreulich sein, wenn man einen Fehler macht. Aber heißt das auch, dass es ein Unglück ist? Bestimmt nicht! Es ist nur unangenehm.

Also helfe ich mir nicht, wenn ich daraus eine schreckliche Sache mache“.

Der 2. Gedanke:

„Warum hätte ich daran denken *müssen*?“

Die angemessene Antwort:

Es wäre wahrscheinlich angenehmer gewesen, wenn ich den Fehler nicht gemacht hätte. Ich hätte es lieber gesehen, der Fehler wäre nicht passiert. Das bedeutet aber nicht, dass ich diesen Fehler nicht hätte machen wollen. Alles, was für einen Fehler nötig war, war geschehen; ich passte z. B. nicht auf oder niemand erinnerte mich zeitig daran. Also *musste* es passieren. Mein *„Muss“* ist hier tatsächlich eine Forderung, vollkommen zu sein, d. h. ich will vor mir selbst einer sein, der nicht tut, was ich gerade getan habe: nämlich einen Fehler machen. Im Hinblick auf die Tatsache, dass ich ein menschliches Wesen bin, werde ich immer wieder Fehler machen. Zu mir selbst sagen, dass ich keine Fehler machen darf, ist darum unvernünftig, und darum mache ich mich selbst ohne Grund gespannt und nervös.“

Der 3. Gedanke:

„*Warum* macht ein Fehler mich zu einem Idioten?“

Die angemessene Antwort:

Das stimmt gar nicht. Ich denke es nur, und das ist das Problem. Ich glaube, dass ein Fehler mich zu einem Kamel oder einem Idioten macht. Aber nicht mein Tun macht etwas aus mir, ich bin nicht das gleiche wie mein Verhalten. Genauso wenig wie es mich noch zu keinem Genie oder zu einer wertvollen Person macht, wenn ich etwas Gutes tue, so werde ich ebenso wenig ein Idiot oder eine wertlose Person, wenn ich einen Fehler mache. Solange ich lebe, werde ich Fehler machen. Also sollte ich mich selbst nicht blamieren oder herabsetzen. Viel besser wäre es für mich, wenn ich versuche meinen Irrtum zu korrigieren und mich weiter frage, warum ich diesen Fehler gemacht habe. Dadurch werde ich besser in der Lage sein, ihn nicht mehr zu machen. Aber selbst, wenn ich ihn wieder machen würde, würde es nur beweisen, dass ich ein fehlerhaftes Wesen bin, aber nicht, dass ich ein Idiot bin."

„**E**" bezeichnet das, was ich gerne will, und wie ich mich in dieser oder einer ähnlichen Situation fühlen will. Es wird Sie nicht verwundern, dass die Büroassistentin erzählte, dass das, was sie wollte, folgendes war: keine Fehler zu machen, und sich nicht mehr minderwertig und wertlos zu fühlen.

Sie können leicht verstehen, dass die junge Frau ihr Ziel erreichen würde, wenn sie ihre Gedanken unter „B" verändern und statt dessen denken würde, was unter „D" steht, nämlich: sich nicht mehr wertlos oder minderwertig zu fühlen und möglichst wenig Fehler zu machen. Sie würde sich dann ja nicht so unglücklich fühlen und fähiger sein, ihre Fehler wieder gut zu machen und in Zukunft zu vermeiden.

Wir wollen noch einmal wiederholen:

A. Sie sieht, dass sie einen Fehler gemacht hat.
B. Sie denkt: „Es ist schrecklich, es hätte nicht geschehen dürfen!"
C. Dadurch gerät sie aus der Fassung.
D. Sie prüft die Gedanken unter „B":
„Warum ist es schrecklich?"
„Warum hätte es nicht geschehen dürfen?"

Es gibt auf diese Fragen angemessene Antworten: „Es ist nicht so schlimm; es ist enttäuschend, aber es ist keine Katastrophe. Ich kann es ertragen. Ich hätte die Dinge gerne anders. Das aber bedeutet nicht, dass sie so sein müssen, wie ich es gerne hätte."

Damit wäre „E" erreicht:

„Ich sollte nicht aus der Fassung geraten und so wenig Fehler wie möglich machen."

8. Der PES©-Check

Alles, was wir bis hierher besprochen haben, und alle Beispiele sollen Ihnen zeigen, wie Sie Ihre Gedanken und Gefühle verändern können. Aber es geht nicht um irgendeine Veränderung. Beim Lernen, angemessen zu denken, geht es um eine angemessene Veränderung.

Was ist „*eine angemessene Veränderung*"?

Sie können jederzeit wissen, ob sie angemessen denken oder nicht. Ein angemessener Gedanke hat nämlich vier Kennzeichen. Wir sind ihnen allen schon begegnet. Nun aber wollen wir sie einmal untereinander schreiben, damit Sie sie behalten.

Ein Gedanke ist angemessen, wenn:

1. Der Gedanke realistisch ist, d. h. wenn er auf der objektiven Wirklichkeit basiert;

2. der Gedanke Sie zu dem gewünschten Ziel führt oder ihnen hilft, dieses zu erreichen;
3. der Gedanke Sie nicht zu unerwünschten persönlichen Gefühlen führt oder ihnen hilft, diese zu vermeiden;
4. dieser Gedanke nicht zu unerwünschten Konflikten mit anderen Menschen führt oder ihnen hilft, diese zu vermeiden.

Wie können Sie sich nun selbst anleiten, Ihre Gedanken so zu ändern, dass sie sich nach diesen vier Merkmalen ausrichten?

Das erreichen Sie, indem Sie eine *angemessene Selbstanalyse* machen. Das ist eigentlich dasselbe, was wir mit den Gedanken der Büroassistentin taten. Nur geht es bei einer angemessenen Selbstanalyse um Ihre eigenen Gedanken. Bei einer angemessenen Selbstanalyse schreiben Sie unter „A" das auf, was geschah.

Bei „B" schreiben Sie genau auf, was Sie denken oder dachten über „A".
Bei „C" schreiben Sie auf, was Sie fühlten.
Dann gehen Sie weiter nach „E". Dort schreiben Sie auf, wie Sie sich fühlen wollen bei einem Ereignis wie unter „A".

Die eigentliche Veränderung geschieht bei „D". Dort kontrollieren Sie die Gedanken, die Sie unter „B" notiert haben und forschen nach, ob diese Gedanken angemessen sind, d. h., ob sie die vier Merkmale eines angemessenen Gedankens erfüllen. Tun sie das nicht, dann verändern Sie diese Gedanken so, dass sie sich nach den vier Merkmalen richten.

Wir wollen noch einmal auf unsere Büroassistentin zurückkommen mit den vier Merkmalen eines angemessenen Gedankens. Wir wollen ihre ersten Gedanken einmal an den vier Kennzeichen prüfen.

Auf den folgenden Seiten sehen Sie, wie so ein Schema für eine angemessene Selbstanalyse aussieht.

A-B-C-Schema zum Anfertigen einer angemessenen Selbstanalyse:

A. **Situation** (einen Fehler machen: vergessen, das Öl zu erneuern)
B. **Gedanken** „Es ist schrecklich, dass ich Fehler gemacht habe".
C. **Gefühle** Nicht aus der Fassung, ruhig.
D. **Prüfung der Gedanken unter „B"** Entspricht dieser Gedanke den vier Merkmalen eines angemessenen Gedankens?
1. Ist dieser Gedanke realistisch? Nein, denn einen Fehler zu machen, ist nicht schrecklich, sondern höchstens unangenehm
2. Hilft mir der Gedanke, in Zukunft Fehler zu vermeiden, gemachte Fehler wieder gut zu machen oder mich nicht wertlos zu fühlen? Nein, wenn ich keinen Fehler machen will, sollte ich mich besser fragen, was falsch gelaufen ist.
3. Hilft dieser Gedanke mir, unerwünschte Gefühle zu vermeiden? Nein, wenn ich immer zu mir sage, dass es schrecklich ist, gerate ich unnötig aus der Fassung.
4. Hilft dieser Gedanke mir, unerwünschte Konflikte mit anderen zu vermeiden? Das ist hier nicht von Bedeutung, aber die Möglichkeit, dass Probleme entstehen, wenn ich so denke, ist groß. E. Wie ich fühlen will Verletzt, wertlos, minderwertig.

Wie Sie sehen, entspricht der Gedanke unter „B" mindestens drei Merkmalen des angemessenen Denkens nicht. Es ist also ein unangemessener Gedanke. Wie Sie sehen, sind die Gedanken unter „D" wohl angemessen. Sie entsprechen den vier Kennzeichen des angemessenen Denkens.

Was lernt man aus diesem Beispiel? Dass Sie selbst feststellen können, ob Gedanken angemessen sind oder nicht. Wie das geschieht? Nun, dadurch, dass Sie nachprüfen, ob sie den vier Kennzeichen des angemessenen Denkens entsprechen.

Mit der Positive-Emotions-Steuerung (PES) können Sie also lernen, sich nie mehr verzweifelt oder elend zu fühlen.

Beispiel:

Ein Ehepaar ist um 20.00 Uhr zu einem Abendessen verabredet. Der Ehemann hat jedoch vorher noch einen sehr wichtigen, beruflichen Termin. Die Ehefrau freut sich sehr auf die Verabredung, weil das Paar schon lange nicht mehr ausgegangen ist.

A. Das Ereignis der Mann kommt zwei Stunden zu spät zu der Verabredung

B. Die Gedanken es ist schrecklich, dass er mich vergisst; ich lasse mich wie eine Idiotin behandeln; er hätte daran denken müssen, dass ich nicht warten kann.

C. Die Gefühle vernachlässigt, wertlos, minderwertig

Der Termin des Ehemannes dauert länger als geplant. Er sitzt bei seinem Gesprächspartner „auf heißen Kohlen“, weil er sich vorstellen kann, dass seine Frau ungeduldig wird. Er kann sich kaum auf das Gespräch konzentrieren. Als er endlich auf dem Heimweg ist, gerät er noch in einen Stau. So kommt er zwei Stunden später als verabredet nach Hause, um seine Frau abzuholen. Die Ehefrau ist sehr verärgert. Sie fühlt sich nicht gebührend gewürdigt. Sie beschimpft ihren Mann als rücksichtslosen, egoistischen Kerl. Die Verabredung platzt. Der Abend ist „gelaufen“.

Das Schema:
A: prüft die Gedanken unter B:

B 1: Warum ist es schrecklich, dass er mich vergisst?
Angemessene Antwort:

Es ist gar nicht schrecklich. Es ist sogar unwahrscheinlich, dass er mich vergessen hat. Wahrscheinlicher ist, dass er aufgehalten wurde. Das ist unerfreulich, aber mehr nicht. Wahrscheinlich sitzt er auf „heißen Kohlen“ und möchte nach Hause. Ich helfe uns nicht weiter, wenn ich daraus eine schreckliche Sache mache.

B 2: Warum sollte mich diese Angelegenheit zu einer Idiotin machen?

Angemessene Antwort:

Das stimmt gar nicht. Ich denke es nur, und das ist mein Problem. Ich glaube, dass ein bestimmtes Ereignis aus mir eine Idiotin macht. Ich werde aber, wenn man mich zwei Stunden warten lässt, nicht zu einer Idiotin oder wertlosen Person.

B 3: Warum hätte er daran denken müssen?

Angemessene Antwort:

Es wäre natürlich angenehmer gewesen, wenn er angerufen hätte, um Bescheid zu sagen, dass er sich verspäten würde. Aber vielleicht war ihm das aufgrund der Umstände (Stau) nicht möglich. Außerdem sind alle Menschen fehlerhafte Wesen. Deshalb wird mein Mann ebenso wie ich immer wieder Fehler machen. Zu sagen, dass man keine Fehler machen darf, ist unvernünftig, und darum mache ich mich nur nervös.

Die angemessenen Antworten zusammengefasst:

Es ist nicht schlimm, es ist enttäuschend, dass wir erst zwei Stunden später, als geplant zu unserer Verabredung kommen, aber es ist keine Katastrophe. Ich kann es ertragen. Ich hätte es gerne anders gehabt, aber das bedeutet nicht, dass die Dinge so sein müssen, wie ich sie gerne hätte.

So ist „E“ erreicht:

Ich sollte wegen einer Verspätung nicht aus der Fassung geraten.

9. Lernplateaus und der lange Atem

Sie werden sich nun fragen: Ist das nun alles? Ist es wirklich so einfach, emotionale Probleme und Spannungen aufzulösen? JA und NEIN. Ja, weil Ihre unangemessenen Gedanken die Ursache Ihrer emotionalen Probleme sind. Wenn Sie diese Gedanken prüfen und verändern, dann ist das die beste Art, die emotionalen Probleme aufzulösen. Nein, weil gerade das doch wieder nicht so einfach ist. Obwohl es ein erster wichtiger Schritt ist, ist allein das Wissen, wie es geht, noch nicht genug. Angemessenes Denken verlangt ernste Anstrengung, hartes Arbeiten und Üben. Denken Sie daran, es handelt sich hier um Denk-Gewohnheiten. Wie Sie wissen, sind solche Gewohnheiten hartnäckig.

Unangemessene oder unvernünftige Gedanken werden nicht so einfach verschwinden. Vielmehr hat man anfangs oft den Eindruck, als ob das angemessene Denken überhaupt nicht wirkt. Wie sehr Sie auch die Gedanken prüfen, Sie bleiben dennoch depressiv, ärgerlich, ängstlich oder überreizt. In der Tat macht es uns Menschen gewöhnlich Mühe, richtig oder angemessen zu denken. Darum ist es nicht verwunderlich, wenn Sie bei den ersten Versuchen, angemessen zu denken, keinen Erfolg haben. Aber Ihre Neigung zu einem unangemessenem Denken wird allmählich durch intensive Anstrengung und durch Üben weichen. Gewohnheiten bleiben bestehen, wenn man sie unberührt lässt. Unglücklich machende Gedanken bleiben bestehen, wenn sie ohne weiteres angenommen werden. Wenn Sie aktiv und dauernd die Gedanken und Auffassungen hinter Ihren unangenehmen Gefühlen prüfen und verbessern, werden Sie entdecken, dass sie mehr und mehr von solchen Gefühlen frei werden. Mit anderen Worten, wenn Sie sich bemühen und üben, ist es wahrscheinlich, dass Sie nach einiger Zeit:

1. Nicht mehr so gespannt, ärgerlich, gereizt oder depressiv werden.
2. Nicht mehr so lange gespannt, ärgerlich, gereizt oder depressiv bleiben.
3. Sich nicht mehr so oft gespannt, ärgerlich, überreizt oder depressiv fühlen.

Wir wollen das Gesagte nochmals zusammenfassen:

1. Ihre Gedanken oder das, was Sie zu sich sagen, sind immer der Grund, warum Sie gereizt sind oder wodurch Sie sich schlecht fühlen.
2. Sie fühlen sich regelmäßig schlecht oder gereizt, weil Sie immer wieder Gedanken haben, die Sie nervös machen.
3. Durch Anstrengung und Übung werden Sie Herr über solche Gedanken. Das tun Sie, indem Sie ihre unangemessenen Gedanken aufspüren, prüfen und durch vernünftige oder angemessene Gedanken ersetzen.

4. Sie können jederzeit wissen, ob ein Gedanke angemessen ist oder nicht. Ein Gedanke ist angemessen, wenn er:
der Wirklichkeit entspricht oder realistisch ist;
zu dem gewünschten Ziel führt oder hilft, dieses zu erreichen;
nicht zu unerwünschten persönlichen Gefühlen führt oder hilft, diese zu vermeiden;
nicht zu unerwünschten Konflikten mit anderen Menschen führt oder hilft, diese zu vermeiden.

Beispiel:

Eine Sachbearbeiterin hat versehentlich einen aktuellen Verwendungsnachweis eines Projektes nicht in den dafür vorgesehenen blauen Ordner geheftet, sondern irrtümlich in den grünen Ordner, der für Rechnungen vorgesehen ist. Als die Sachbearbeiterin zur Pause gegangen ist, sucht ihr Vorgesetzter in ihrem Büro ergebnislos den Verwendungsnachweis, den er dringend für eine Besprechung braucht.

Als die Mitarbeiterin nach einer halben Stunde in ihr Büro zurückkehrt, poltert der Chef los: „Frau Schröder, wie oft soll ich Ihnen denn noch sagen, dass die Verwendungsnachweise in den blauen Ordner geheftet werden sollen? Ich habe stundenlang hier gesucht und nichts gefunden. Weshalb sitzen Sie denn eigentlich hier in meinem Vorzimmer, wenn ich doch alles alleine machen muss?“

Frau Schröder fühlt sich aufgrund der Kritik minderwertig, hat Angst um ihren Arbeitsplatz und fängt leise an zu weinen.

Schema:

A. Ereignis: unkonzentriert gearbeitet, falsch abgeheftet;
B. Gedanken: es ist so schrecklich, dass ich diesen Fehler gemacht habe. Ich hätte daran denken müssen. Ich habe diesen Fehler gemacht, also bin ich völlig ungeeignet als Sachbearbeiterin im Büro.
C. Gefühle: minderwertig, unqualifiziert

D. Ich prüfe die Gedanken unter „B“ auf ihre Vernünftigkeit, indem ich sie zur Diskussion stelle.

Wie angemessen sind diese Gedanken?

B1 Es ist gar nicht schrecklich. Niemand macht gerne Fehler. Es ist lästig und unerfreulich. Ich helfe mir nicht, wenn ich daraus eine schreckliche Sache mache.

B2 Es wäre angenehmer, wenn ich den Fehler nicht gemacht hätte. Das bedeutet aber nicht, dass ich den Fehler hätte machen wollen. Alles was für einen Fehler nötig war, ist geschehen: Im Büro war heute morgen der „Teufel los“, und ich passte nicht auf. Es musste also etwas passieren. Und da ich auch nur ein Mensch bin, konnte so etwas passieren. Zu mir selbst zu sagen, dass ich keine Fehler machen darf, ist unvernünftig, und darum mache ich mich nur unnötig nervös.

B3 Ich denke nur, dass ich unfähig in diesem Job bin. Das ist ein Problem. Aber ein Fehler macht mich nicht zu einer unfähigen Person, der man kündigt. Viel besser wäre es, meinen Fehler zu korrigieren und mich zu fragen, warum ich diesen Fehler gemacht habe, um so besser in der Lage zu sein, ihn nicht mehr zu machen.

10. Der PES-Check bei sozialen Ängsten

Im folgenden geht es um die Positive-Emotions-Steuerung einer Sekretärin, die unter der Angst litt, vor Gruppen zu sprechen und ihre Interessen zu vertreten. Diese Person, die mit Hilfe des angemessenen Denkens ihre Not schnell bezwingen konnte, kam während einer Sitzung mit folgender Analyse:

A. Tatsachen und Geschehnisse

Ich sitze in einem Meeting über ein Thema, das meine Arbeit tangiert. Die sich abzeichnende Lösung bedeutet für mich überflüssige Mehrarbeit. Ich will etwas sagen, aber ich habe Angst, dass ich stottere und meine Argumente wenig überzeugend vortrage.

B. Gedanken

(Was kann ich sagen?) Sie werden denken, dass ich dumm bin.

1. Ich finde es unmöglich, Fehler zu begehen, die jeder feststellen kann.
2. Ich kann es nicht ausstehen, so im Mittelpunkt der Aufmerksamkeit zu stehen.
3. Sie werden mich so kritisieren, dass ich vollkommen am Ende bin.

C. Gefühle

Ängstlich und gespannt.

Es ist selbstverständlich, dass die Person, wenn sie die Gedanken unter „B" in der Situation „A" denkt und glaubt, sich wahrscheinlich so fühlt, wie unter „C" angegeben, nämlich ängstlich und gespannt. Jeder mit ähnlichen Gedanken und Auffassungen würde sich in einer solchen Situation ängstlich und gespannt fühlen.

Weil die Sekretärin aber schon einigermaßen vertraut mit dem Anfertigen einer Positiven-Emotions-Steuerung war, hatte sie selbst schon probiert zu erforschen, inwiefern die Gedanken unter „B" den Regeln für angemessenes Denken entsprechen, d. h. inwiefern

beruhen sie auf bekannten Tatsachen;
helfen sie, persönliche unerwünschte Gefühle zu verhindern oder zu vermeiden;
helfen sie, unerwünschte Konflikte mit der Umgebung zu verhindern oder zu vermeiden.

Weil es das Ziel der Sekretärin war, zu lernen in Meetings zu sagen, was ihr wichtig ist, folgerte sie, dass ihre Gedanken unter „B" nicht angemessen waren. Etwa folgendermaßen:

A. Tatsachen und Geschehnisse:

siehe oben

B. Gedanken

1. Was kann ich sagen?

Entspricht dieser Gedanke der *Regel 1 für angemessenes Denken?*
Antwort: Nein!

Dieser Gedanke ist eigentlich eine rhetorische Frage, d. h. ich meine, dass ich eigentlich nichts sagen kann. Das ist aber irreal; ich kann ja sagen, was ich will.

Regel 2 für angemessenes Denken?
Antwort: Nein!

Der Gedanke „ich kann nichts sagen“, hilft mir bestimmt nicht, dass ich in der Gruppe sprechen kann; im Gegenteil, dadurch werde ich gerade daran gehindert.

Regel 3 für nicht rationales Denken?
Antwort: Nein!

Wenn ich denke „Ich kann eigentlich nichts sagen“, während ich doch etwas sagen will, dann mache ich mich selbst gespannt und hindere mich selbst daran, etwas ruhig zu sagen.

Regel 4 für nicht rationales Denken?
Antwort: Nein!

Wenn ich denke „Ich kann eigentlich nichts sagen“, dann werde ich wahrscheinlich auch nichts sagen; andere missbilligen das, was ich vielleicht unangenehm finden werde.

2. Sie werden denken, dass ich dumm bin.

Entspricht dieser Gedanke der *Regel 1 für angemessenes Denken?*
Antwort: Nein!

Ich weiß nicht, was sie denken werden, denn ich bin kein Gedankenleser.

Regel 2 für angemessenes Denken?
Antwort: Nein!

Wenn ich glaube, dass sie denken, ich sei dumm, dann mache ich es mir selbst schwer, noch etwas ruhig und ohne Aufregung zu sagen. Anstatt darüber zu grübeln, was sie denken, sollte ich mich besser auf das konzentrieren, was ich sagen will.

Regel 3 für angemessenes Denken?
Antwort: Nein!

Wenn ich etwas sagen will und zur gleichen Zeit Angst habe, dass andere mich dann, wenn ich es tue, für dumm halten, zwinge ich mich selbst in eine Spannung hinein und verhindere gerade dadurch, dass ich ruhig etwas sagen kann.

Regel 4 für angemessenes Denken?
Antwort: Wahrscheinlich nicht!

Wenn ich so denke, sage ich wahrscheinlich nichts, was andere mir vielleicht übel nehmen. Andererseits, wenn sie mich fragen, warum ich nichts gesagt habe, werde ich ihnen dann den Vorwurf machen, sie würden mich doch für dumm halten und so würde Unfrieden entstehen.

3. Ich finde es unmöglich, Fehler zu machen, die jeder feststellen kann.

Entspricht dieser Gedanke der *Regel 1 für angemessenes Denken?*
Antwort:

Regel 2 für angemessenes Denken?
Antwort:

Regel 3 für angemessenes Denken?
Antwort:

Regel 4 für angemessenes Denken?
Antwort:

(Füllen Sie es selbst aus; die Antworten finden Sie auf S. xx)

4. Es ekelt mich an, unmittelbar in der Aufmerksamkeit zu stehen.

Entspricht dieser Gedanke *Regel 1 für angemessenes Denken?*
Antwort:

Regel 2 für angemessenes Denken?
Antwort:

Regel 3 für angemessenes Denken?
Antwort:

Regel 4 für angemessenes Denken?
Antwort:

(Füllen Sie es selbst aus; die Antworten finden Sie auf S. xx)

5. Sie werden mich so kritisieren, dass ich vollkommen am Ende bin.

Entspricht dieser Gedanke der Regel 1 für angemessenes Denken?
Antwort:

Regel 2 für angemessenes Denken?
Antwort:

Regel 3 für angemessenes Denken?
Antwort:

Regel 4 für angemessenes Denken?
Antwort:

(Füllen Sie es selbst aus; die Antworten finden Sie auf S. xx)

Die neuen angemessenen Gedanken

Wenn Sie jeden einzelnen Gedanken B1 bis B5 richtig kontrolliert haben, dann haben Sie bemerkt, dass sie nicht den vier Merkmalen des angemessenen Denkens entsprechen. Also sind es unangemessene Gedanken. Wenn Sie bei den Gedanken B1 bis B5 bei jedem Kennzeichen für angemessenes Denken angegeben haben, warum der betreffende Gedanke diesem Kennzeichen nicht entspricht, dann können Sie für jeden Gedanken einen neuen angemessenen einsetzen. Das geschieht, indem Sie auf die Dinge achten, die Sie aufgeschrieben haben hinter:

„Entspricht dieser Gedanke der Regel 1 (bzw. 2, 3, 4) für angemessenes Denken?“

Für den Gedanken unter B5 ergibt sich folgendes:

Unangemessener Gedanke:
B5. Sie werden mich so kritisieren, dass ich vollkommen am Ende sein werde.

Angemessene Alternative:
Ich weiß nicht, wie sie reagieren. Und wenn sie mich kritisieren, heißt das nicht, dass ich total am Ende bin. Ich bleibe dieselbe wie vorher. Wenn ich in aller Ruhe etwas der Gruppe sagen will, dann helfe ich mir bestimmt nicht durch diesen Gedanken (B5). Denn dann bin ich mehr mit ihren Reaktionen beschäftigt als damit, was ich sagen kann oder will. Darüber hinaus mache ich mich dadurch nervös, dass ich mich sorge, weniger gut in der Lage zu sein, etwas zu sagen.

(Die Antwort auf Regel 4 haben wir weggelassen. Probieren Sie nun selbst, die angemessenen Alternativen für die Gedanken B1 bis B4 aufzuschreiben und zwar so, wie wir es gerade bei B5 getan haben.)

Unangemessener Gedanke:

B1:

Angemessene Alternative:

B2:

Angemessene Alternative:

B3:

Angemessene Alternative:

B4:

Angemessene Alternative:

Kommentar des Beraters:

Bei der angemessenen Analyse der Bedanken B1 bis B5 gab der Therapeut hier und da einen Kommentar. Lesen Sie diesen Kommentar gut durch, weil es Ihnen helfen kann, die Hintergründe bestimmter Gedanken tiefer bewusst zu werden.

Rationale Kontrolle der irrationalen Gedanken:
B1
Kommentar des Beraters:
Einverstanden mit der Analyse.

Rationale Kontrolle der irrationalen Gedanken:
B2
Kommentar des Beraters:
Einverstanden. Aber warum nehmen Sie nicht an, dass man Sie für schlau hält? Der Grund liegt darin, dass Sie selbst glauben, dumm zu sein, sonst wäre Ihnen dieser Gedanke gar nicht erst gekommen. Wir gehen fast immer davon aus, dass andere Menschen dieselben Gedanken haben, die uns auch beschäftigen. Darum glaube ich, dass Sie Ihre Meinung über sich auf andere projizieren und sie beschuldigen, etwas zu glauben, was Sie selbst glauben.

Rationale Kontrolle der irrationalen Gedanken:
B3
Kommentar des Beraters:
Einverstanden. Ich meine, dass Sie viel über sich erfahren können in einer Positiven-Emotions-Steuerung, was es für Sie als Person bedeutet, wenn andere einen Ihrer Fehler bemerken. Ich glaube, Sie können nicht akzeptieren, dass andere sehen, wie sehr Sie ein Mensch mit Fehlern sind.

Rationale Kontrolle der irrationalen Gedanken:
B4
Kommentar des Beraters:
Einverstanden. Sie machen sich selbst bang vor den Gedanken anderer über Sie (nämlich, dass diese eventuell negativ über Sie denken). Sie müssen sich bewusst werden, dass Sie solche Gedanken haben und nicht die anderen und dass dieser Gedanke nicht unbedingt wahr sein muss.

Rationale Kontrolle der irrationalen Gedanken:
B5
Kommentar des Beraters:
Einverstanden. Ich möchte gerne hinzufügen: Ihr Gedanke ist eine sinnlose Metapher (eine Metapher ist ein besonderer Ausdruck. Damit spricht man etwas aus, was man nicht meint und meint etwas, was man nicht ausdrückt). Sie meinen im Grunde nicht, dass Sie physisch ein Ende erreichen. Wie Sie selbst sagen, meinen Sie in Wirklichkeit, dass man nicht mit Ihnen übereinstimmt. Ihre Metapher ist sinnlos, weil sie eine andere emotionale Reaktion auf diese Situation hervorruft, als wenn Sie eine genaue Beschreibung gegeben hätten. „Ich werde vollkommen am Ende sein“, suggeriert Ihnen, dass man Sie körperlich zugrunde richtet. Wenn so etwas geschehen würde, wäre es logisch, sich ängstlich zu fühlen. Eine treffende Beschreibung wäre: man ist nicht mit meinem Reden einverstanden, aber Böses werden sie mir nicht antun. Weil Sie sich gar nicht beunruhigen müssen über ihr Reden, können Sie ganz ruhig sagen, was Sie sagen wollen.

Was macht man mit den angemessenen Gedanken?

Wenn die besprochenen Gedanken B1 bis B5 den Gedanken ähnlich sind, die Sie selbst in Situationen wie bei „A“ haben, dann können Sie die angemessenen Alternativen von B1 bis B5 verwenden, um sich selbst zu helfen, keine Angst mehr in solchen Situationen zu haben. Wenn Sie noch andere Gedanken haben wie die in B1 bis B5 gearteten Situationen, dann machen Sie zuerst eine Positive-Emotions-Steuerung. Das können Sie genauso machen, wie wir es hier getan haben. Die angemessenen Alternativen, die Sie so erhalten, können Sie verwenden, um die Angst zu verlernen. Wie machen Sie das, die Angst zu verlernen in solchen Situationen wie „A"? Nun, das machen Sie, indem Sie die gewonnenen angemessenen Alternativen in Rationalen Phantasieübungen oder Positiver-Emotions-Programmierung gebrauchen. Das spätere Kapitel 12 beschreibt genau, wie man REI anwendet.

Antworten auf die Übungen auf S. ...

Gedanke 3

Entspricht dieser Gedanke der: *Regel 1 für angemessenes Denken?*

Antwort: Nein! Es stimmt nicht, dass es unmöglich ist, Fehler zu machen, die jeder beobachten kann. Ich habe sicher schon einmal Fehler gemacht, die andere gesehen haben. Doch bin ich noch da und lebe noch. Das weist darauf hin, dass ich es überstehen kann, nur fühle ich mich nicht gut dabei.

Regel 2 für angemessenes Denken?

Antwort: Nein! Wenn ich mich mit der Möglichkeit beschäftige, Fehler zu machen, helfe ich mir bestimmt nicht, ruhig zu sagen, was ich sagen will. Im Gegenteil, ich mache mich dadurch selbst gespannt, und damit erhöhe ich nur die Gefahr, Fehler zu machen.

Regel 3 für angemessenes Denken?
Antwort: Nein! Wenn ich etwas sagen will, aber denke, dass es furchtbar ist, wenn man Fehler macht, dann mache ich mich selbst nervös, weil die Möglichkeit besteht, dass ich einen oder mehrere Fehler mache.

Regel 4 für angemessenes Denken?
Antwort: Nein! Siehe Gedanke 1

Gedanke 4
Entspricht dieser Gedanke der: *Regel 1 für angemessenes Denken?*
Antwort: Nein! Etwas sagen, bedeutet noch nicht: im Mittelpunkt der Aufmerksamkeit stehen. Der Grund, dass ich Schwierigkeiten damit habe, wenn Menschen mich beobachten, ist wahrscheinlich der, dass ich immer befürchte, dass man schlecht über mich denkt. (Und das ist nicht realistisch; siehe Gedanke 2)

Regel 2 für angemessenes Denken?
Antwort: Nein! Wenn ich einen solchen Gedanken habe, werde ich vermeiden, etwas zu sagen, um so zu vermeiden, dass andere mich beobachten.

Regel 3 für angemessenes Denken?
Antwort: Nein! Wenn ich diesen Gedanken habe, mache ich mich selbst nervös für den Augenblick, wo ich etwas sagen soll, ja sogar schon vorher.

Regel 4 für angemessenes Denken?
Antwort: Nein! (siehe Gedanke 1)

Beispiel:

Monika Meyer, die Assistentin der Geschäftsleitung, fliegt von Hamburg nach Mailand. Bisher verlief der Flug problemlos. Aber beim Anflug auf die Alpen meldet sich der Flugkapitän: „Meine Damen und Herren, wir fliegen in eine Turbulenz. Bitte begeben Sie sich zurück auf ihre Sitze und schnallen sie sich an!“

Die Turbulenz, die folgt, ist heftigste die Frau Meyer je erlebt hat. Die Maschine wird hochgeschleudert und niedergedrückt, nach links und rechts geworfen, wie ein Wasserball auf den Wellen. Frau Meyer bleibt kreidebleich auf ihrem Sitz, studiert die Notfallanweisung und beobachtet die Stewardessen, ob sie auch ein Anzeichen von Panik zeigen und spricht insgeheim „ihr letztes Gebet“.

Schema:

A. Ereignis: Turbulenz im Flugzeug
B. Gedanken: Es ist so schrecklich. Warum passiert mir nur so etwas immer? Das überlebe ich garantiert nicht!
C. Gefühle: Todesangst, Ohnmacht, Nervosität
D: Überprüfung der Gedanken zu B, wie angemessen sie sind
E: Ich sollte mich besser verhalten.

11. Die PES-Schablone zum Auflösen emotionaler Probleme

Das folgende Kapitel gibt Ihnen noch einmal ein Beispiel für die Anwendung der PES für die rationale Selbstanalyse. Wie Sie wissen, hat die PES-Schablone als Mittel der Selbsthilfe ihre Wurzeln in der rationalen Theorie der menschlichen Emotionen. Sie wurde entworfen, um die ABC-Schemata der Rationalen Selbstanalyse und Selbstkorrektur persönlicher Probleme zu lernen. „A" bezeichnet dabei den Sektor für die Tatsachen und Begebenheiten. Hier notieren Sie die Tatsachen und Ereignisse, die mit Ihren Problemen zu tun haben. „B" ist der Sektor für alles, was Sie zu sich selbst sagen. Sie schreiben hier also Ihre Gedanken über „A" auf. Um die rationale Analyse im Sektor „D" zu vereinfachen, geben Sie jedem einzelnen Satz unter „B" eine Ziffer. Bei „C" schreiben Sie Ihre Gefühle auf, d. h. Ihre emotionalen Reaktionen auf „A" und „B". „D" ist der Sektor der emotionalen Analyse Ihrer Probleme. (Siehe das Schema der rationalen Selbstanalyse Seite ....)

In dem Sektor „D“ findet der Selbstunterricht für die angemessene Selbstkontrolle statt. Zuerst prüfen Sie, ob der Sektor „A“ eine richtige Beschreibung der objektiven Wirklichkeit gibt. Wenn das nicht der Fall ist, probieren Sie, dies zum Objektiven hin zu verändern. Danach prüfen Sie jeden einzelnen Satz unter „B“. Wenn ein Gedanke unter „B“ realistisch, logisch und tatsächlich scheint, ist er wahrscheinlich angemessen. Wenn demgegenüber ein Gedanke unrealistisch, unlogisch oder sonst nicht adäquat scheint, dann verbessern Sie ihn unter „D“.

Nicht jedes Problem passt ohne weiteres in die PES-Schablone wie das folgende Lehrbeispiel. Wenn Sie aber ernsthaft versuchen, das, was Sie wahrnehmen, von Ihren Gedanken oder Ansichten zu unterscheiden, dann können Sie ein hohes Niveau der emotionalen Kontrolle erreichen. Menschen glauben oft, dass sie sich nicht rational verhalten und Ereignisse rational analysieren könnten, wenn sie gespannt oder überreizt sind. Wie meist ist diese allgemein geäußerte Meinung im Widerstreit mit der Wirklichkeit. Tatsächlich ist es so, dass die Chance für einen unmittelbaren Erfolg um so größer ist, je geringer der zeitliche Abstand zwischen dem Ereignis, das man zu meistern bzw. zu bewältigen versucht, und der PES ist.

Beispiel einer Analyse zu Hause:

Das folgende Material beruht auf einer tatsächlichen Begebenheit und ist aus dem Arbeitsalltag einer Sachbearbeiterin entnommen (Bequemlichkeitshalber entsprechen die Zahlen in dem Sektor „D“ denen im Sektor „B“). Die Frau kam zu mir in die Beratung, weil sie nach Eigenaussagen unter Minderwertigkeitsgefühlen, einer chronischen Depression und mehreren phobischen Ängsten litt, weshalb sie auch mit Selbstmordgedanken kämpfte.

A. Aufzählung der Tatsachen und Begebenheiten

Datum, 2. Februar: Am Dienstagmorgen besuchte mich eine Kollegin aus einer anderen Fachabteilung, mit der ich befreundet bin. Sie sagte mir, dass sie eine Vorlage für ihren Chef nicht rechtzeitig fertig bekäme und bat mich ihr zu helfen. Ich erklärte mich dazu bereit, obwohl mein Schreibtisch voller dringlicher Aufgaben war. Kurze Zeit später kam jedoch mein Chef und sagte mir, dass ich für ihn eine Angelegenheit sofort erledigen müsse. Deshalb legte ich die Unterlagen meiner Kollegin zunächst zur Seite. Gegen Mittag fiel mir jedoch, nachdem ich den Auftrag meines Chefs erledigt hatte, wieder die Vorlage meiner Kollegin ein, worauf ich mich sofort daran machte, diese zu bearbeiten. Selbst die Mittagspause ließ ich ausfallen; außerdem verschob ich mehrere Aufgaben, die ich für diesen Tag eingeplant hatte, auf den nächsten Tag. Zwei Tage später hatte ich selbst Schwierigkeiten einen Kostenvoranschlag fertig zu machen, weil ich das hierfür nötige Kalkulations-Programm nicht gut beherrsche. Daraufhin bat ich meine Kollegin, mich zu unterstützen. Sie sagte, dafür habe sie vermutlich keine Zeit, ich solle ihr aber die Unterlagen geben. Sie werde mir dann nachmittags sagen, ob sie den Kostenvoranschlag erstellen könne. Auf den versprochenen Rückruf wartete ich bis kurz vor Feierabend. Dann machte ich mich selbst an die Arbeit. Ich schaffte es nur noch mit größter Mühe, den Voranschlag rechtzeitig fertig zu stellen. Einige Ergänzungen musste ich noch handschriftlich vornehmen, weshalb mich mein Chef am nächsten Morgen rügte. Den ganzen Tag war er sauer. Abends rief dann meine Freundin an, und fragte mich, ob ich sie ins Kino begleiten wolle. Ich sagte ihr, dass ich zumindest mit ihr keine Lust hätte ins Kino zu gehen. Dann legte ich auf. Anschließend war ich niedergeschlagen. Ich konnte die halbe Nacht nicht schlafen und fühlte mich miserabel.

B. Was sie sich einredete

1. Wie kann sie so wenig hilfsbereit sein, wo ich mich doch wegen ihrer Vorlage so angestrengt habe?
2. Ich bitte sie doch nur selten um einen Gefallen, weil ich nicht zuviel fordern möchte. Ich hingegen tue immer alles, worum sie mich bittet; das ist nun ihr Dank.
3. Diese falsche Schlange.
4. Das Mindeste, was sie hätte tun können, wäre doch gewesen, den Kostenvoranschlag für mich fertig zu machen.
5. Wenn sie denkt, ich säße zuhause, bis sie sich mal wieder an mich erinnert, dann soll sie merken, dass sie sich gründlich irrt.
6. Diese falsche Schlange. Jetzt geht sie vermutlich mit irgendeiner anderen Freundin ins Kino. Für sie bin ich ohnehin nur eine Lückenbüßerin.
7. Mein Gott! Was habe ich getan? Ich verhalte mich wie eine pubertäre Jugendliche. So vergraule ich meine beste Freundin.
8. Wie kann ich nur so dumm sein? Ich bin eine dumme Kuh! Wie konnte ich nur so zickig sein.
9. Was fange ich nur an?

C. Gefühle

Meine Freundin machte mich ärgerlich, ich kochte; abends wurde ich depressiv. Ich konnte weder schlafen, noch sonst etwas tun. Also nahm ich drei Schlaftabletten und fiel endlich in einen tiefen Schlaf.

D. Angemessene Gedanken

Sie schrieb unter „D“ auf: „Ich denke, dass ich angemessen gedacht habe. Ich kann es nicht anders sehen. Jeder hätte so reagiert. Meine Reaktion war normal.“

Kommentar des Verfassers

Was unter der Überschrift „Analyse des Beraters“ folgt, ist die wörtliche Reaktion, die ein Therapeut geben würde, wenn er diese Hausanalyse mit einem Klienten besprechen würde. Bevor man die Analyse des Beraters liest, ist es gut, sich die Definition von „angemessen“, wie sie bei der PES verwendet wird, vor Augen zu halten. Wenn es um Gedanken geht, verweist „angemessen“ einzig und allein auf Gedanken, die auf der empirisch feststellbaren Wirklichkeit (auf objektiven Tatsachen) basieren. In bezug auf Handlungen verweist „angemessen“ ausschließlich auf ein Verhalten, das

1. die betreffende Person in die Lage versetzt, so wirksam wie nur eben möglich ohne unerwünschte persönliche Konflikte (d. h. ohne Beschämung, Schuldgefühl und Selbstablehnung) und
2. ohne unerwünschte Konflikte mit der Umgebung (z.B. Verbannung, Gefangenschaft)
3. ihr persönliches Ziel zu erreichen.

Es ist von Bedeutung, den Begriff unerwünscht richtig zu begreifen. Unerwünschte Konflikte beziehen sich nur auf das Ausmaß der Konflikte, das die betreffende Person nicht annehmen will.

Die Analyse des Beraters

Allgemeiner Kommentar

„Es ist selten oder niemals angemessen, wenn man dann wütend oder sogar ärgerlich wird, wenn überhaupt keine wirkliche Gefahr droht. Selbst dann aber kann ein solches Ärgerlichsein einer geschickten Verteidigung der Person hinderlich sein.

Sie gaben eine verkehrte Interpretation der Wirklichkeit, als Sie sagten: „Meine Freundin machte mich ärgerlich.“ In Wirklichkeit taten Sie das selbst, und Sie hätten es unterlassen können, wenn Sie es gewollt und den Weg dazu gekannt hätten. Sie beurteilten die Wirklichkeit ebenso falsch, als Sie sagten, Sie hätten den Kostenvoranschlag nicht erstellen können. Sie haben ihn ja selbst erstellt; es fehlte nur die Zeit für den letzten Feinschliff, weil sie so spät damit begonnen hatten.

Angemessene Antworten:

1. „Wie kann sie so wenig hilfreich sein, wo ich ihr mit ihrer Vorlage doch geholfen habe?“ Sie beantworteten diese rhetorische Frage nicht. Rhetorische Fragen haben gewöhnlich die Wirkung von Behauptungen; in diesem unserem Fall war die Wirkung wahrscheinlich so ähnlich wie „sie hätte hilfsbereiter sein müssen“. Auf der anderen Seite ist die reelle Antwort auf diese Frage vermutlich recht einfach: Ihre Kollegin hatte wahrscheinlich wirklich keine Zeit. Wenn Sie sich das selbst gesagt hätten, wären Sie wahrscheinlich überhaupt nicht böse geworden oder auf jeden Fall nicht so stark. „Wenig hilfreich“ ist ein Werturteil. Hätten Sie zu Ihrer Freundin gesagt, sie sei wenig hilfsbereit, wäre sie mit diesem Urteil vermutlich ganz und gar nicht einverstanden gewesen. Wenn sie mit Ihnen nicht einig ist, dann ist Ihre Anschuldigung in ihren Augen ungerecht und Ihr Ärger unlogisch. Vielleicht findet Ihre Freundin Sie darin unvernünftig, dass Sie erwarten, sie würde mit Ihren willkürlichen Werturteilen übereinstimmen. Aber nehmen wir einmal an, dass Sie Recht hatten, als Sie sagten, Ihre Freundin wäre „wenig hilfsbereit". Ist es dann nicht logisch, dass eine „wenig hilfsbereite" Person Ihnen wenig Unterstützung bietet? Wenn Sie zugeben, dass das logisch ist, ist die Schlussfolgerung doch: Sie dachten unlogisch, als Sie von einer „wenig hilfsbereiten" Person „Unterstützung" verlangten.

2. „Ich bitte sie doch schon nicht um viel, weil ich weiß, wie fordernd ich manchmal bin. Ich tue immer alles, worum sie mich bittet, und das ist ihr Dank". Sie glaubten wahrscheinlich, eine Hand wäscht die andere oder eine gute Tat verlangt auch eine zweite. Darum meinten Sie wahrscheinlich, wenn sie ihren Kostenvoranschlag erstellen würde, wäre dies der selbstverständliche Dank für Ihre Unterstützung. Wenn dem so wäre, vergäßen Sie zu realisieren, dass das Ihre eigene, unausgesprochene Auffassung ist. Tatsächlich verlangten Sie dann von Ihrer Freundin, dass sie

a) Ihre Gedanken lesen kann und
b) mit diesen auch übereinstimmt.

In der Wirklichkeit ist es aber so, dass a) Ihre erste Forderung unmöglich ist, denn niemand kann Ihre Gedanken lesen, und b) selbst wenn Ihre Freundin das könnte, hätte sie das Recht, mit diesen willkürlichen Ideen nicht überein zu stimmen. Wenn der Preis für das Erstellen der Vorlage gewesen wäre, Ihren Kostenvoranschlag erstellen zu müssen, hätten Sie größere Chancen auf Rückzahlung gehabt, wenn Sie das im voraus gesagt hätten. Dann hätte ihre Freundin bestimmen können, ob sie den Preis bezahlen will oder nicht, und daraus hätten Sie dann Folgerungen ziehen können. Wie es aber ablief, verkauften Sie Ihre Dienste heimlich, tarnten sie als einen Gunsterweis und wurden darum gereizt, als Sie glaubten, Sie bekämen ihn nicht „genug" gedankt.

3. „Diese falsche Schlange". Dieser Ausspruch ist nur eine Schelte. Er hat keinen anderen Zweck, als noch mehr irreale Ideen zu schaffen und sich so ärgerlich zu machen.

4. „Das Wenigste, was sie hätte tun können, wäre gewesen, für mich den Kostenvoranschlag zu erstellen". Schon wieder eine falsche Interpretation der Wirklichkeit. Tatsächlich war das Wenigste, was sie tun konnte, das, was sie tat: nichts.

5. „Wenn sie denkt, ich säße zuhause, bis sie sich mal wieder an mich erinnert, dann soll sie merken, dass sie sich gründlich irrt."

6. „Diese falsche Schlange. Vermutlich geht sie nun mit einer anderen Freundin ins Kino. Ich bin ohnehin nur Lückenbüßerin". Diese Gedanken sind irrelevant, unrealistisch und machen Sie unnötig gereizt.

7. „Mein Gott! Was habe ich getan? Ich verhalte mich wie eine pubertierende Jugendliche. So vergraule ich die beste Freundin." Hier tun Sie versehentlich so, als ob Sie die Zukunft vorhersagen könnten. Besonders aber tun Sie so, als ob das, was möglich ist, auch schon tatsächlich vorhanden ist. Sie haben keinen begründeten Anlass anzunehmen, dass Ihre Freundin den Kontakt mit Ihnen abbricht. Dennoch tun Sie so, als ob es so wäre, ohne dass Sie deutliche Beweise haben oder es auch nur wahrscheinlich ist.

8. „Wie kann ich so dumm sein? Es ist schrecklich. Ich bin eine dumme Kuh! Wie kann ich nur so zickig sein?" In unserer Gesellschaft ist es ein Grund, sich depressiv zu fühlen, wenn man für „dumm, töricht, wertlos" gehalten wird. In dem Maß, in dem Sie das auch glaubten und mit der Gesellschaft übereinstimmten, war es logisch, dass Sie sich depressiv fühlten. Aber Ihre Auffassung basiert auf der irrealen Idee, dass eine menschliche Person das gleiche ist wie ihr Verhalten. Oder, mit anderen Worten, dass ein dummes oder törichtes Verhalten jemanden wie durch einen Zaubertrick in eine dumme oder törichte Person verändert. Dies ist eine allgemeine aber unsinnige Meinung. Sie würden sich einen großen Dienst erweisen, wenn Sie eine solche Ansicht aufgeben. Wenn Sie andererseits die vernünftige Frage gestellt hätten „Wie konnte ich mich so dumm verhalten?" und dann geantwortet hätten „Ganz einfach, alles, was ich zu tun habe, ist, das Telefon zu nehmen und zu sagen, was ich gerade gesagt habe. So würde ich das tun, was ich schon lange weiß, nämlich: ich bin ein menschliches Wesen, das Fehler macht". Dann hätten Sie sich nicht so depressiv gefühlt, ja vielleicht überhaupt nicht.

9. „Was soll ich tun?" Ich weiß nicht, was Sie tun sollen. Aber wenn Sie etwas lernen können, dann lernen Sie vielleicht, sich und die Welt realistischer zu sehen und angemessener darüber zu denken. Wenn Sie diese Selbstinstruktion in der richtigen Weise verwenden, um Ihre emotionalen Probleme zu analysieren, werden Sie lernen, das stets besser zu können. Aber Sie müssen dann auch bereit sein, Ihr problematisches Verhalten und die emotionalen Reaktionen in ein Verhalten zu ändern, das Sie persönlich mehr befriedigt, ohne zu verlangen, dass andere oder die Welt nur Ihnen zu Willen sind. Ich sollte Sie als Therapeut darauf hinweisen, dass ich Ihnen nicht einrede, Sie „müssten" lernen, sich und diese Welt realistischer zu betrachten und angemessener zu reagieren. Ich versuche einzig und allein, Ihnen deutlich zu machen, dass Sie diese Dinge wahrscheinlich erreichen, wenn Sie bereit sind, Ihre falschen Auffassungen und Gedanken zu ändern.

Das Folgende ist eine Beschreibung der Früchte, die aus einer angemessenen Analyse erwachsen, wie sie die oben genannte Patientin am Ende ihrem Berater gab.

„Das Ausarbeiten einer Analyse brachte mir eine gute Gelegenheit, mein unangemessenes Denken zu entdecken. Oft war es so, dass ich lachen musste, wenn ich mit dem „B“-Sektor fertig war, weil mir der Gedanke so töricht schien. Dadurch, dass ich die Probleme aufschrieb, konnte ich die Situation auch objektiver sehen. Ich konnte besser feststellen, wie ich meine Auffassung und mein Verhalten ändern musste, so dass sie mehr der Wirklichkeit entsprachen.“

Allgemeine Richtlinien, um den maximalen Nutzen aus der PES zu ziehen

Das zuletzt Beschriebene ist ein praktisches Schema, das in der Praxis seinen Wert bewiesen hat. Je genauer Sie diesem Schema beim Durchführen einer Analyse emotionaler Probleme folgen, desto mehr Nutzen werden Sie daraus ziehen. Es wäre wenig realistisch zu erwarten, dass Sie schon beim ersten Mal eine vollkommene Analyse machen. Wenn Sie das könnten, bräuchten Sie vermutlich überhaupt keine durchzuführen. Für Ihre eigenen künftigen Probleme sollten Sie die Analysen, die Sie schon gemacht haben, aufbewahren. Denken Sie beim Erstellen der Analysen stets daran: Wenn Sie als Reaktion auf „A“ eine starke Gefühlsäußerung „C“ erleben, dann ist es wahrscheinlich „B“, worauf Sie aufpassen müssen. Weil Menschen selten aus rationalen Gründen aufgeregt sind, ist es von Bedeutung, auf diesen „Zielpunkt“ gründlich zu achten. Die Veränderung der Art, wie Sie es gewohnt sind, emotional zu reagieren und sich zu verhalten, erfordert Zeit und Übung. Sie können Ihr Denken einfacher verändern als Ihre Gefühle. Am Anfang werden Sie oft bemerken, dass Sie angemessen denken, aber immer noch die gleichen „unangenehmen“ Gefühle haben. Das ist ein Beweis dafür, dass Sie noch nicht ausreichend geübt haben, rational zu denken und zu handeln, um schon rationalere Gefühlsreaktionen zu haben. Bedenken Sie, dass sich selbst zu ändern, oft schwierig ist.

ABER ES IST NUR SCHWIERIG - ES IST NICHT UNMÖGLICH!!!

Beispiel:

Ein Paar ist gemeinsam auf einer Party. Es ist eine interessante Gesellschaft und die Frau unterhält sich angeregt mit einem ihr bis eben unbekannten Partygast, der sie angesprochen hat. Der Begleiter der Frau beobachtet die Szene eine Weile eifersüchtig.

Nach zehn Minuten verlässt er verärgert die Party und fährt alleine nach Hause.

A. Ereignis: Meine Frau unterhält sich angeregt mit einem anderen Mann

B. Gedanken: Sie will mich bestimmt betrügen. Sie findet ihn attraktiver und liebenswerter als mich. Es ist schrecklich, ich möchte nicht verlassen werden, das darf sie nicht tun

C. Gefühle: Ich bin depressiv, verletzt, eifersüchtig und fühle mich blamiert

D. Überprüfung der Gedanken zu B

E. Ich sollte mich besser verhalten

Schema der PES - einer angemessenen Selbstanalyse:

A. Tatsachen und Begebenheiten

B. Gedanken

1.
2.
3.
4.
5.
6.

C. Gefühle

D. Rationale Prüfung von B

1.
2.
3.
4.
5.
6.

E. Wie Sie sich fühlen wollen

Die vier Kennzeichen angemessenen Denkens:

Angemessenes Denken...

1. fußt auf der objektiven Wirklichkeit.
2. führt zum Erlangen der persönlichen Werte und Ziele.
3. verhindert unerwünschte, persönliche Konflikte oder unerwünschte Gefühle.
4. verhindert unerwünschten Konflikt mit der Umgebung.

12. Von PES zu PEP (Positive-Emotions-Programmierung)

Der Sektor „E“ ist der letzte Sektor der PES einer angemessenen emotionalen Selbstkontrolle. Im Sektor „E“ beginnen Sie mit dem Schritt, die rationale Selbstbeherrschung zu üben. Er besteht darin, ein neues „Gehirnprogramm“ für das angemessene Verhalten, das Sie lernen wollen, zu formen.

Zuerst schreiben Sie auf, wie Sie sich bei „A“ und „C“ hätten verhalten müssen, wenn Sie wirklich alle rationalen Gedanken, die Sie unter „D“ aufgeschrieben haben, gedacht und geglaubt hätten. Sie beschreiben dann die Veränderungen in Ihren heutigen Verhaltensäußerungen, die zusammen die angemessene Selbstbeherrschung bilden, die Sie erlernen möchten. Mit anderen Worten, der Sektor „E“ gibt an, wie Sie in Zukunft auf ähnliche Tatsachen und Begebenheiten, wie sie in „A“ und „C“ beschrieben sind, reagieren wollen.

Positive-Emotions-Programmierung

Erwachsene können gewöhnlich eine neue Verhaltensweise erst annehmen, wenn sie sich in ihrer Phantasie vorgestellt haben, sich wirklich so zu verhalten. Obwohl es bei vielen emotionalen Problemen notwendig und wünschenswert wäre, die Art des emotionalen Reagierens zu verändern, sind viele Erwachsene hierzu nicht fähig, weil sie sich ein anderes Verhalten, als das gewohnte, nicht vorstellen können. Diese Tatsache ist die Ursache vieler Schwierigkeiten, denen Sie beim ersten Versuch einer rationalen Selbständerung begegnen. Weil Sie zum Beispiel in Kritik stets einen Angriff sehen, können Sie sich nicht vorstellen auf sie gelassen zu reagieren. Deshalb fällt es ihnen in der Anfangsphase auch schwer, anders zu reagieren.

Die Positive-Emotions-Programmierung (PEP) ist eine Technik, mit der Sie lernen können, sich selbst in ihrem Geist so vorzustellen, wie Sie gerne reagieren möchten, um sich anschließend auch entsprechend zu verhalten. PEP ist eine Art geistiges Training. Es eignet sich sowohl für den Selbstunterricht als auch für das praktische Einüben des angemessenen Verhaltens. Je intensiver Sie dieses geistige Training betreiben, desto wahrscheinlicher ist es, dass Sie sich in der Wirklichkeit auch so verhalten, wie Sie es sich wünschen.

Emotionsprogrammierung ist für Sie nicht neu

Eigentlich haben Sie in Ihrem ganzen Leben schon mit der Emotionsprogrammierung oder Phantasie gearbeitet. Jedes Mal, wenn Sie an ein unangenehmes Ereignis denken, erinnern Sie sich an die Reaktion, die Sie in der Vergangenheit in vergleichbaren Situationen an den Tag legten.

Somit trainieren Sie im Geist das Verhalten, das Sie zum damaligen Zeitpunkt zeigten. Ähnlich ist es, wenn Sie an Ereignisse denken, die mit angenehmen Erinnerungen verknüpft sind. Auch dann üben Sie in Ihrem Innern dieselben Reaktionen, die Sie in der betreffenden Situation gezeigt hatten und erhöhen damit die Wahrscheinlichkeit, dass Sie es auch künftig zeigen. Sie sind stets mit geistigem Training beschäftigt, wenn Sie vor Ihrem inneren Auge Revue passieren lassen. Dies können wir auch für eine Veränderung unseres Verhaltens nutzen, zum Beispiel indem wir, nachdem wir ein unangemessenes Verhalten zeigten, denken: „Als Herr X das tat, wollte ich an sich dieses sagen. Das nächste Mal, wenn er das wieder macht, werde ich mich anders verhalten!"

Wenn Sie tatsächlich beschlossen haben, ein anderes Verhalten zu erlangen und sich vorstellen, dieses auch auszuführen, dann trainieren Sie geistig und betreiben eine Positive-Emotions-Programmierung (PEP). Wahrscheinlich ist diese emotionale Programmierung der wichtigste Erfolgsfaktor, wenn es um eine Veränderung unseres Empfindens und Verhaltens geht. Aber dieser Prozess vollzieht sich so subtil, dass wir selten direkt darauf achten.

Sie können sich sowohl auf persönlich unerwünschte als auch auf erwünschte Gefühle emotional programmieren. Der Lernprozess für erwünschtes Verhalten ist mit dem für unerwünschtes Verhalten identisch. Der einzige Unterschied besteht darin, dass, wenn Sie in bestimmten Situationen immer wieder ein unangemessenes Verhalten gezeigt haben, dieses geistig trainiert haben. Folglich können sie sich dieses auch wieder abtrainieren. Der Weg dazu: Sie müssen eine angemessene Selbstbeherrschung lernen, indem Sie regelmäßig und systematisch die Positive-Emotions-Programmierung PEP betreiben.

Einige Anleitungen:

Wenigstens eine halbe Stunde am Tag (wenn möglich länger) stellen Sie sich gedanklich die Einzelheiten eines Ereignisses vor, das Sie im PES-Schema analysiert haben. Sie stellen sich die Situation „A“ so gut es geht vor, während alles, außer Ihrem eigenen Verhalten, genauso ist. Sie prägen sich ein, dass Sie sich so verhalten oder fühlen, wie Sie sich verhalten oder fühlen möchten, nachdem Sie die angemessene Selbstbeherrschung gelernt haben. Was Sie sich selbst zu sagen haben und was Sie denken, ist genau das, was unter „D“ in Ihrer rationalen Analyse steht. Beginnen Sie aber nicht mit der PEP, bevor deutlich ist, dass die Gedanken unter „D“ wirklich angemessen sind.

Üben bei der PEP heißt nicht, nur so „tun als ob“

Manche Menschen fragen: Ist die PEP nicht nur ein Spiel, ein so tun „als ob“? Die Antwort lautet: natürlich nicht. Wenn Sie die PEP üben, dann helfen Sie Ihrem Verstand zu lernen, sich anders zu verhalten. Wenn Sie tun „als ob“, dann haben Sie gar nicht die Absicht, dauernde Veränderungen in Ihren emotionalen und anderen Verhaltensgewohnheiten anzubringen. Es ist wichtig, dass Sie immer einen Unterschied machen zwischen einem Tun „als ob“ Sie eine angemessene Selbstbeherrschung hätten und dem Einüben der Technik, wirklich eine angemessene Selbstbeherrschung zu entwickeln. Der Unterschied ist der gleiche wie zwischen einem, der eine Gitarre festhält, einige Minuten an den Saiten zupft und dann behauptet, er wisse, wie man spielt, und einem anderen, der wirklich Fingerübungen macht, um gut spielen zu lernen. Wenn Sie nur so tun „als ob“ lernen Sie nie, besser Gitarre zu spielen. Wenn Sie sich aber wirklich die Technik des Gitarrespielens üben, wird sich auch Ihr Können in der Zukunft verändern. Eine Selbständerung tritt nur ein, wenn Sie ein aufrichtiges

Verlangen danach haben und sich wirklich bemühen. Dazu gehören auch Übungen, die für ein Verändern Ihres Selbst notwendig sind.

Es ist nur sinnvoll die PEP zu üben, wenn die drei folgenden Bedingungen erfüllt sind:

Sie haben das aufrichtige Verlangen, bleibende Veränderungen bei bestimmten Verhaltensgewohnheiten zu erzielen;
Sie haben Ihre unrealistische Art, die Dinge zu betrachten, erkannt und angemessen verbessert;
Sie glauben wirklich, dass die neuen Auffassungen und Verhaltensnormen, die Sie in der PEP geistig üben, die besten und auch die angemessensten Ansichten für Ihr Verhalten sind, die Sie erhalten können.

Der letztgenannte Punkt ist so wichtig, dass ich ihn mit einem konkreten Beispiel verdeutlichen will. Obwohl tatsächliche Erfahrungen für das echte Lernen wichtig sind, sind sie gewöhnlich weder wirksam noch besonders zweckmäßig. Meistens vollzieht sich unser Lernen in einer „als-ob“ -Erfahrung.

Bevor ein Flugschüler jemals ein Flugzeug startet, hat er ein umfangreiches Training am Boden zu absolvieren. Er sitzt dabei in einem Pilotensessel, erhält Instruktionen über alle Instrumente und so viel Kontakt mit den Besonderheiten des Flugzeugs wie nur eben möglich, ohne dass er tatsächlich fliegt. Wenn er dann alles ganz genau studiert hat, während er noch am Boden ist, formt er in seinem Kopf und Geist bestimmte Ansichten, Bilder und Ideen über die besten Techniken, wie man ein Flugzeug steuert. Die meisten Pilotenschulen lassen den Piloten eine kurze Zeit lang in einem Raum verweilen, der wie ein Flugzeug gebaut ist und sich auch so bewegen kann. Ein Flugschüler tut nicht so, als ob er Pilot sei, er lernt, sich wie ein Pilot zu verhalten, ohne dass er wirklich fliegt. Solches Lernen „als ob", während man es nicht tut, nennt man auch stellvertretendes Lernen. Die Emotionsprogrammierung gehört dazu. Wenn Sie nicht das Vermögen zu der Emotionsprogrammierung besitzen würden, dann müssten Sie vielleicht zuerst mit einem Auto zusammenstoßen, um eine solche Erfahrung zu bekommen.

Weitere Anleitungen für die PEP

Um den größten Nutzen aus der PEP zu ziehen, müssen Sie sich selbst anleiten, während dieser Übungen ruhig zu bleiben. Wenn Sie dabei sehr erregt oder gespannt werden, dann sollten Sie die Programmierung stoppen und erneut die ausgeformte Analyse durchlesen. Wenn Sie davon überzeugt sind, dass Ihre Aussagen in „D" angemessen sind, dann ist es gut, am nächsten Tag mit der PEP zu beginnen. Wenn Sie dann bei diesem zweiten Versuch wieder sehr erregt oder gespannt werden, müssen Sie mit der PEP bei dem gerade behandelten Ereignis oder diesem Punkt aufhören, um erst selbst oder mit jemand anderem (z. B. einem Berater) zu prüfen, ob die Gedanken unter „D" wirklich rational sind. Wenn Sie dann davon überzeugt sind, dass Ihr Denken unter „D" alle Forderungen eines angemessenen Denkens erfüllt, können Sie fortfahren, die PEP zu üben. Meistens werden Sie nach einer PEP etwas ruhiger sein, wenn Sie eine korrekte Analyse der Probleme gemacht haben. Also, ohne dass Sie Wunder erwarten können, erfahren Sie, dass Sie sich nach einer PEP besser in der Hand haben. Allerdings muss die PES wirklich angemessen sein. Wenn dem nicht so ist, müssen Sie sich den Punkt „D" erneut vornehmen.

Ist PEP eine Selbstbeeinflussung?

Ja, die PEP ist eine Art der Selbstbeeinflussung. Sie ist vielleicht eine der wichtigsten Grundlagen erfolgreichen Lernens. Genauso wie der Flugschüler, damit er fliegen lernt, sich zuerst mit Selbstunterricht in der Form der Selbstbeeinflussung beschäftigt, so gilt für alles Lernen, dass man zuerst mit der Selbstbeeinflussung beginnen muss. Der wichtigste Punkt, den man nicht im Zusammenhang mit der PEP vergessen darf, ist, dass sie die zweckmäßigste Form ist, um die rationale Selbstkontrolle zu erlernen.

Die Wirkung der PEP

Erfolgreiche PEP bezweckt dreierlei: Zum ersten gewöhnen Sie sich ab, unangemessen auf Reize der Umwelt zu reagieren. Zum zweiten sind Sie damit beschäftigt, (mental, geistig) Strategien oder Wege zu finden, um das zu erreichen, was Sie wollen. Zum dritten lernen Sie, mit sich angemessen zu sprechen oder rational zu denken.

Allgemeine Anleitung, um möglichst viel Erfolg bei der angemessenen Selbstanalyse und der Positiven-Emotions-Programmierung zu haben

Die Erfahrung lehrt, dass das PES ein wirkungsvolles und praktisches Schema ist, um unsere emotionalen Erfahrungen des Alltags zu analysieren. Je genauer Sie dem PES folgen, desto größeren Nutzen werden Sie aus der Selbstanalyse ziehen. Der Erfolg der Selbstanalyse ist meist am größten, wenn Sie sofort nach dem Ereignis, das Sie aufregte, mit dessen Analyse beginnen. Es ist zum eigenen Nachteil, wenn Sie warten, bis Sie sich beruhigt haben, denn dann haben Sie vermutlich schon eine Menge Gedanken vergessen, die die emotionale Reaktion auslösten. Weil diese Gedanken und Haltungen für Sie der Grund der Nervosität sind, ist es wichtig, sie nacheinander zu prüfen. Es ist nicht realistisch zu erwarten, dass Sie sofort, wenn Sie mit der Selbstanalyse beginnen, perfekte oder auch nur gute Analysen machen. Wenn Sie sofort perfekte Analysen machen könnten, bräuchten Sie überhaupt keine anzufertigen. Verwahren Sie angefertigte Analysen und lesen Sie sie regelmäßig; vor allem, wenn ähnliche Situationen auf Sie zukommen. Vergessen Sie nie, wenn Sie als Reaktion auf eine Tatsache oder ein Ereignis „A" ein unerwünschtes oder zerstörendes Gefühl „C" feststellen, dass „B" Ihre Zielscheibe ist. Es geht darum, sich auf diese „Zielscheibe" auszurichten.

Die Veränderung von emotionalen und körperlichen Reaktionsabläufen erfordert Zeit und ein kontinuierliches Üben. Sie können Ihr Denken viel schneller ändern als Ihre emotionalen Reaktionen. Am Anfang werden Sie deshalb oft feststellen, dass Sie zwar angemessen denken, aber dennoch die unerwünschten Gefühle bleiben. Das bedeutet, dass Sie PEP noch nicht ausreichend geübt haben und dass Sie noch nicht den erlernten angemessenen Gedanken entsprechend handeln. Vergessen Sie nie, dass Selbstveränderung schwierig ist; aber es ist nur schwierig, nicht unmöglich. Sie erleben nur eine Veränderung, wenn Sie daran arbeiten.

13.

Elf giftige Alltagsmodelle und die Bearbeitung durch PES

In diesem Kapitel sind eine Anzahl oft vorkommender unangemessener Ideen aufgeführt. Für jede Idee wird die angemessene Alternative angegeben. Lesen Sie vor allem die Teile, die Sie besonders betreffen, mehrmals durch.

Unangemessene Idee Nr. 1:

Die Idee, dass es für einen Erwachsenen notwendig ist, von jeder wichtigen Person aus seiner Umgebung geliebt und respektiert zu werden.

Hier wird gesprochen von notwendig. Für kleinere Kinder mag das vielleicht so sein, aber für Erwachsene ist es höchstens erwünscht, dass sie von denen geliebt und respektiert werden, mit denen sie näheren Kontakt haben. Die Vorstellung, dass es notwendig ist, ist aus verschiedenen Gründen unangemessen: z.B. ist es unvernünftig zu verlangen, dass jeder Sie liebt. Es wird immer Personen geben, die das nicht tun; selbst wenn es möglich wäre, würden Sie sich noch Sorgen machen über das Maß, mit dem man Sie akzeptiert und ob man Sie dauernd akzeptiert. Sie müssten immer eine sehr liebenswerte Person sein, und wer schafft das schon? Angenommen, es wäre theoretisch möglich, die Zuneigung von jedermann zu gewinnen, dann würde das soviel Zeit und Energie kosten, dass man keine Zeit für etwas anderes übrig hätte. Außerdem kämen Sie in hoffnungslose Schwierigkeiten mit anderen Menschen und deren Verlangen. Wenn Sie zwanghaft die Sympathie anderer Menschen suchen, werden Sie die Neigung haben, diesen Menschen lästig zu fallen, so dass Sie das Gegenteil erreichen. Anstatt Ihre Probleme dadurch aufzulösen, dass Sie diese „notwendige“ Liebe und den Respekt suchen, sollten Sie eher einer kreativen, produktiven Art zu leben nachstreben.

Unangemessene Idee Nr. 2:

Die Idee, dass jemand in jeder Hinsicht perfekt, kompetent und erfolgreich sein muss, um sich selbst schätzen zu können.

Viele Menschen glauben, dass sie minderwertig sind, wenn Sie nicht kompetent, perfekt und in jeder Hinsicht erfolgreich sind. Das ist aus mehreren Gründen Unsinn, z. B. kann niemand in jeder Hinsicht kompetent sein. Die Forderung, es müsse einem alles gelingen, bringt Gefühle von Angst und Minderwertigkeit, wenn es nicht klappt. Es ist sinnlos, sich selbst mit anderen zu vergleichen, weil Sie keine Kontrolle über die Leistung anderer, sondern nur über Ihre eigene haben. Sie sind außerdem auf andere ausgerichtet und nicht auf sich selbst. Es ist sinnlos, seine persönliche Wertschätzung und sein privates Glück von der eigenen Vollkommenheit abhängig zu machen, weil diese nicht erreichbar ist.

Unangemessene Idee Nr. 3:

Die Idee, dass bestimmte Menschen schlecht oder gemein sind und man sie streng anfassen oder strafen müsse.

Dies ist aus verschiedenen Gründen unangemessen, z. B. ist es ein Irrtum zu denken, dass Menschen wegen ihrer Taten schlecht sind. Es gibt keine Maßstäbe für „gutes“ und „schlechtes“ Verhalten. Diese sind für jedermann verschieden. Es ist unlogisch, sich selbst oder jemand anderen als eine vollkommen wertlose Person zu betrachten, wenn man etwas Falsches getan hat. Eine schlechte Handlung macht noch niemanden zu einem schlechten Menschen! Es ist irreal, von jemandem zu erwarten, dass er niemals einen Fehler macht. Fehler gehören zum Menschen. Das Bestrafen von Fehlern führt nur zu Bosheit, Feindseligkeit und wird kaum jemanden hindern, erneut Fehler zu begehen. Wenn Kinder nicht mit dieser unangemessenen Idee erzogen würden, würden sie sich kaum ängstlich, schuldig, depressiv oder aggressiv fühlen. Anstatt sich über Ihre eigenen Fehler oder die anderer Menschen aufzuregen, sollten Sie lieber denken: Das nächste Mal werde ich versuchen, es besser zu machen.

Unangemessene Idee Nr. 4:

Die Idee, dass es schrecklich oder ein Unglück ist, wenn die Dinge nicht so sind, wie Sie es gerne wollen.

Es ist einfach erstaunlich, wie viele Menschen sich elend fühlen, weil Dinge nicht so sind, wie sie es sich wünschen. Dass diese Menschen sich nicht gut fühlen, wenn sie nicht bekommen, was sie wollen, ist normal. Aber dass sie sich fortwährend ärgerlich und depressiv fühlen, ist aus mehreren Gründen irreal. Zum Beispiel gibt es keine Gründe, warum Dinge anders sein sollten, als sie tatsächlich sind.

Dabei ist es egal, wie unglücklich die Situation auch ist. Es wäre angenehmer, wenn die Situation anders wäre. Aber es ist sinnlos, sich darüber schrecklich bedrückt zu fühlen. Alles ist immer genau so, wie es sein muss! Sich bedrückt fühlen, ändert wenig an der Lage und wirkt sich auf eine Änderung der Situation nur hemmend aus. Eine Lage ist nie schrecklich oder katastrophal; Sie denken das nur - es ist Ihre Interpretation, die es so hinstellt.

Sie können die Dinge, die Ihnen nicht gefallen, versuchen zu ändern. Gelingt Ihnen das nicht, dann können Sie sich besser mit anderen, angenehmeren Dingen beschäftigen, anstatt sich heftig und ohne Grund aufzuregen.

Unangemessene Idee Nr. 5:

Die Idee, dass menschlicher Kummer oder menschliches Elend von außen verursacht werden und dass Menschen geringe oder gar keine Möglichkeit haben, ihr Geschick zu kontrollieren.

Viele Menschen denken, dass andere Menschen oder Ereignisse die Ursache dafür sind, dass sie sich unglücklich fühlen. Wären die Kräfte von außen anders, dann würden sie sich nicht elend fühlen. Das ist unangemessen. Worte oder Gebärden eines anderen können Ihnen niemals etwas antun. Nur Ihre eigene Haltung, Ihre Reaktion auf diese Dinge tun das. Es hängt von Ihrer Interpretation der Lage ab, ob etwas Sie verletzen kann. Wenn Sie zu sich selbst sagen „es ist schrecklich“, wenn jemand Ihnen gegenüber nicht freundlich ist, und „ich halte es nicht aus“, dann fühlen Sie sich elend. Fassen Sie die Lage weniger negativ auf, dann fühlen Sie sich auch besser.

Das Gefühl, unglücklich zu sein, kommt aus Ihnen selbst und nicht von außen. Es wird von Ihnen selbst verursacht. Deshalb können Sie diese Gefühle auch unter Kontrolle halten.

Unangemessene Idee Nr. 6:

Die Idee, dass man, wenn etwas gefährlich oder schädlich sein kann, sich darüber schreckliche Sorgen machen muss und stets mit der Möglichkeit seines Eintretens rechnen muss.

Das ist aus verschiedenen Gründen unangemessen. Z. B. wenn Sie schreckliche Angst vor möglichen Unglücken haben, regen Sie sich selbst so auf, dass Sie nicht mehr objektiv beurteilen können, ob etwas nun schrecklich oder gefahrvoll ist oder nicht. Sich in bezug auf mögliche Unglücke furchtbar ängstlich zu fühlen, kann Nachteile haben, wenn wirklich etwas passiert. Sich in bezug auf ein mögliches Unglück furchtbar bedrückt zu fühlen, verhindert das Unglück nicht. Im Gegenteil, es kann die Möglichkeit, dass es geschieht, vergrößern. Z. B. wird jemand, der Angst vor einem Autounglück hat, beim Fahren gerade wegen dieser Angst besonders nervös. Dann ist auch die Unfallwahrscheinlichkeit höher als bei einem anderen, der ruhig fährt. Selbst wenn Sie für Ihre Meinung, es komme etwas Schlimmes auf Sie zu, gute Gründe haben - z. B. eine Kündigung - dann hat es keinen Zweck, sich deshalb bedrückt zu fühlen. Das raubt Ihnen nur die Energie, sich auf die Zeit danach vorzubereiten.

Unangemessene Idee Nr. 7:

Die Idee, dass es einfacher ist, Lebensschwierigkeiten zu vermeiden und der eigenen Verantwortung aus dem Weg zu gehen, anstatt sie anzunehmen.

Das ist aus mehreren Gründen unangemessen. Unter anderem: Wenn man Schwierigkeiten aus dem Weg geht, fühlt man sich zwar im Augenblick gut, aber die Probleme sind dadurch nicht gelöst, so dass man sich hinterher nur noch unglücklicher fühlt. Die Mühe und die Last, die Sie sich selbst zufügen, wenn Sie Entscheidungen und Schwierigkeiten aus dem Weg gehen, ist oft größer als, wenn Sie diese annehmen. Dadurch, dass man Schwierigkeiten aus dem Weg geht, reduziert sich zudem das Selbstvertrauen, so dass man auch künftigen Problemen weniger gewachsen ist. Wenn man Schwierigkeiten direkt angeht, ist man auch für künftige Probleme besser gewappnet.

Unangemessene Idee Nr. 8:

Die Idee, dass man von anderen abhängig ist und dass man jemand nötig hat, der stärker ist als man selbst, um darauf zu bauen.

Das ist aus mehreren Gründen unangemessen. Zwar stimmt es, dass wir in unserer Gesellschaft abhängig sind von anderen. Es gibt aber keinen Grund, diese Abhängigkeit so stark wie nur möglich zu machen und von anderen zu verlangen, dass sie für uns denken. Je abhängiger Sie sind, desto weniger Dinge können Sie tun, die Sie selbst gerne wollen; Sie werden sich immer den Wünschen anderer anpassen. Je abhängiger Sie sind, desto abhängiger werden Sie. Wenn Sie selbst wenig tun und alles von anderen erledigen lassen, werden Sie immer weniger selbst tun können, weil Sie es nie gelernt haben. Dadurch wird das Selbstvertrauen immer geringer. Anstatt nach Abhängigkeit von anderen zu streben, sollten Sie lieber mit beiden Beinen auf der Erde bleiben und dann selbst denken und handeln. Sie können dann auch die Tatsache besser akzeptieren, dass Sie in bestimmten Fällen allein in dieser Welt stehen und es nicht notwendigerweise schrecklich ist, Verantwortung für die eigenen Entscheidungen zu tragen.

Unangemessene Idee Nr. 9:

Die Idee, dass die Vergangenheit eines Menschen sein gegenwärtiges Verhalten bestimmt und dass seine Verhaltensmuster, wenn sie einmal geprägt sind, nicht mehr verändert werden können.

Das ist aus mehreren Gründen unangemessen. Unter anderem begehen Sie den Fehler einer Verallgemeinerung: Sie nehmen an, wenn etwas in einer bestimmten Situation so war, muss es in allen Situationen so sein. Dies ist nicht der Fall! Sonst gäbe es keine Veränderung. Der sogenannte Einfluss der Vergangenheit wird oft als Entschuldigung verwendet, die gegenwärtigen Probleme nicht zu lösen und das heutige Verhalten nicht zu ändern. Anstatt der Vergangenheit zu viel Gewicht zu schenken, sollten Sie sich zwar bewusst darüber sein, dass Ihre früheren Erfahrungen Sie in mancher Hinsicht beeinflussen, zugleich sollten Sie aber bedenken: Heute ist die Vergangenheit von morgen. Indem Sie heute an Veränderungen arbeiten, arbeiten so auch daran, dass Sie morgen anders und zufriedener als heute leben können.

Unangemessene Idee Nr. 10:

Die Idee, dass man sich aufregen muss über die Probleme und Schwierigkeiten anderer Menschen.

Diese Idee hängt mit der Auffassung zusammen, dass das, was andere glauben oder tun, sehr wichtig für das eigene Leben ist. Das ist aus verschiedenen Gründen unangemessen. So gibt es unter anderem keinen triftigen Grund dafür, warum wir uns mit den Problemen anderer Menschen beschäftigen sollten, auch dann nicht, wenn wir der Meinung sind, sie handelten falsch. Das ist immer ein subjektives Urteil, und wer weiß, wer Recht hat! Wenn wir uns über das Verhalten anderer Menschen aufregen, dann tun wir so, als ob wir Gewalt über sie hätten. Wir glauben, dadurch, dass wir uns erregten, müsste sich ihr Verhalten auf die eine oder andere magische Art und Weise ändern. Man kann besser in einer ruhigen Art versuchen, das Verhalten anderer zu verbessern. Dadurch, dass man sich aufregt, schadet man sich nur selbst und ruft Widerstand hervor. Oft beschäftigen sich Menschen mit dem Verhalten anderer in einer Art Ausrede, um sich mit ihren eigenen Problemen nicht beschäftigen zu müssen.

Unangemessene Idee Nr. 11:

Die Idee, dass es eine unveränderliche, richtige und vollkommene Lösung für jedes menschliche Problem gibt und dass es ein Unglück ist, wenn es einem nicht gelingt, eine Lösung zu finden.

Diese Idee ist aus mehreren Gründen unangemessen. Wie uns die Philosophen zeigen, leben wir in einer Welt der Wahrscheinlichkeiten und können uns nur einer Sache sicher sein, nämlich unserer selbst. Wer übermäßig darauf aus ist, etwas Außerordentliches zu tun, schafft sich enorme Angst wegen des Risikos, es nicht zu schaffen. Gerade diese Angst verkleinert die Chance, dass etwas gelingt. Anstatt sich auf die Notwendigkeit, dass es gelingt, zu konzentrieren, wäre es viel logischer, folgenden Verhaltensnormen zu folgen: So akzeptiert man die Tatsache, dass Menschen notwendigerweise begrenzte und fehlerhafte Wesen sind.

Einfach versuchen, etwas zu tun, anstatt sich selbst die ausdrückliche Forderung zu stellen, etwas vollkommen machen zu müssen. Misserfolg als einen Teil des Lernprozesses zu betrachten, anstatt so etwas als schrecklich anzusehen.

Anhang:
Weitere Übungsbeispiele

Eine Mutter ist mit ihrem dreijährigen Kind zum Einkaufen in den Supermarkt gefahren. Das Kind sitzt im Einkaufswagen. Alle Waren, die die Mutter in den Wagen legt, wirft das Kind sofort wieder hinaus. Die Mutter lässt sich zunächst auf dieses „Spielchen" ein, hebt alle Gegenstände wieder auf und legt sie in den Wagen zurück. Irgendwie schafft sie es doch, ein paar Dinge einzukaufen und schiebt schließlich völlig genervt den Wagen zur Kasse. Dort quengelt das Kind nach den hier aufgebauten Süßigkeiten und zerrt einige der Packungen heraus.

„Jetzt reicht`s mir aber!" schreit die Mutter und gibt dem Kind einen Klaps. Das Kind fängt zornig an zu brüllen. Die Mutter reißt das schreiende Kind aus dem Wagen heraus, lässt die eingekauften Waren im Korb zurück und stürzt ohne den Einkauf aus dem Laden.

Schema:

A. Ereignis: quengelndes, nervendes Kind zum Einkaufen mitgenommen.

B. Gedanken: Ich habe das Kind überhaupt nicht im Griff. Die anderen Kunden halten mich bestimmt für eine total unfähige Mutter. Es ist schrecklich, dass ausgerechnet ich so ein böses und ungezogenes Kind habe.

C. Gefühle: genervt, zornig, unfähig, depressiv, überfordert.

D. Überprüfung der Gedanken unter „B", ob sie angemessen sind.

E. Ich sollte mich besser verhalten.

Beispiel:

Ein junger Mann sitzt abends allein in einer Bar. Eine junge, hübsche Frau steht zusammen mit ihren Freundinnen zwei Meter weiter entfernt und unterhält sich. Der Mann findet Gefallen an der jungen Frau und lädt sie zu einem Drink ein. Die Frau fühlt sich in ihrer Unterhaltung gestört und lehnt die Einladung schroff mit den Worten ab: „Was bilden Sie sich denn ein?"

Der Mann fühlt sich verletzt, verunsichert, zornig und gedemütigt. Wütend verlässt er das Lokal.

Schema:

A. Ereignis: Ich habe einen Korb bekommen.

B. Gedanken: Ich bin wertlos. Ich kann das nicht ertragen. Ich bin blamiert. Das hätte sie nicht tun dürfen.

C. Gefühle: Ich bin verletzt, depressiv, ärgerlich, habe das Gefühl, keine Frau mag mich.

D. Überprüfung der Gedanken zu „B".

B1

D1 Warum sollte ich wertlos sein? Ist dieser Gedanke angemessen? Nein! Einen Korb zu bekommen, macht keinen wert-losen Menschen aus mir. Es ist unangenehm, mehr aber nicht. Hilft mir der Gedanke mich in Zukunft nicht wertlos zu fühlen? Nein, ganz im Gegenteil! Hilft mir der Gedanke, unerwünschte Gefühle zu vermeiden? Nein, immer wenn ich mir sage, dass ich wertlos bin, gerate ich völlig aus der Fassung.

B 2

D 2 Warum kann ich das nicht ertragen? Ist dieser Gedanke realistisch ? Nein, natürlich kann ich es ertragen, einen Korb zu bekommen. Vielleicht war es nicht der richtige Zeitpunkt, sie anzusprechen. Vielleicht wollte sie ihre Freundinnen nicht vernachlässigen. Vielleicht hat sie gerade eine Enttäuschung hinter sich und ist im Moment nicht offen für neue Bekanntschaften.

B3

D3 Warum bin ich blamiert? Es ist unangemessen, sich blamiert zu fühlen. Die Situation war unglücklich, aber nicht so abscheulich, dass ich blamiert wäre. Wahrscheinlich, dass mich die Freundinnen nett und aufmerksam gefunden haben.

B4

D4 Warum hätte sie das nicht tun dürfen? Es ist nicht angemessen, das zu sagen; natürlich durfte sie das tun. Sie darf alles tun, was sie für richtig hält. Ich kenne diese Frau doch gar nicht. Wieso will ich einer mir unbekannten Frau Vorschriften zu ihrem Verhalten machen?

E. Die Wirklichkeit ist, wie sie ist, und nicht, wie ich sie gerne hätte. Niemand ist verpflichtet, meine Wünsche und Bedürfnisse zu erfüllen. Ich kann immer wieder versuchen, Frauen anzusprechen.

Aufgaben zur Vertiefung

Bitte kreuzen Sie die richtigen Lösungen an:

Aufgabe 1:

Meine Emotionen und Stimmungen, zu einer Person, einem Ereignis oder einer Sache entstehen:

a) automatisiert ( )
b) durch meine Sozialisation und Erziehung ( )
c) durch meine Bewertung ( )
d) situationsbedingt ( )
e) zwangsläufig ( )

Aufgabe 2:

Wenn ich ein krankmachendes, belastendes Gefühl oder eine destruktive Stimmung loswerden oder verändern möchte, dann erreiche ich das, indem ich:

a) aufhöre daran zu denken ( )
b) meine Bewertung verändere ( )
c) das Gefühl wegdrücke ( )
d) mich extrem kontrolliere und die Zähne zusammenbeiße ( )

Aufgabe 3:

Ziel der PES (Positiven-Emotions-Steuerung) ist es:

a) die ganze Welt zu verändern ( )
b) die negativen Gefühle besser ertragen zu lernen ( )
c) Bewertungen auf ihre Angemessenheit zu überprüfen ( )
d) Bewertungen bewusst zu machen ( )

e) Gefühle durch logisches Denken zu ersetzen ( )
f) Gründe und Schuldige für meine Probleme zu suchen ( )
g) unangemessene Bewertungen durch angemessene zu ersetzen ( )
h) Gefühle abzuschaffen ( )

Aufgabe 4:

Wenn ein erwachsener Mensch emotional negativ beeinträchtigt ist, dann ist die Verantwortung dafür zu suchen bei:

a) der Natur oder dem Schicksal ( )
b) den Eltern und der Erziehung ( )
c) ihm selbst und seiner Art des Denkens und Bewertens ( )
d) der Situation oder anderen Personen ( )
e) der Gesellschaft ( )

Aufgabe 5:

Die Bewertungen, die wir vornehmen,

a) sind auf „richtig" und „falsch" geprüft, ( )
b) sind auf „Zweckmäßigkeit" überprüft ( )
c) sind von uns selbst vorgenommen und äußerst subjektiv ( )
d) sind bei allen Menschen gleich. ( )

Aufgabe 6: (Bitte beantworten Sie die folgenden Fragen:)

Wie lautet die Grundannahme bei PES?

Aufgabe 7:

Erklären Sie die einzelnen Bedeutungen im A-B-C-Ablaufschema.

Aufgabe 8:

Weshalb ist B - die Bewertung - so bedeutsam?

Aufgabe 9:

Bilden Sie einige Beispiele für A-B-C-Ketten aus Ihrem Arbeitsbereich, indem Sie zuerst eine konkrete Situation A beschreiben und dann Ihr Gefühl und Ihr Verhalten in dieser Situation angeben. Danach suchen Sie nach der Bewertung (B), die für das unter C1 beschriebene Gefühl verantwortlich ist. Verwenden Sie dazu bitte das nachfolgende Schema:

Siuation A	Bewertung B	Gefühl C1	Verhalten C2

Aufgabe 10:

Beschreiben Sie bitte sechs Situationen (A) und Ihre eigenen subjektiven Bewertungen (B) dazu.

Beispiel:

A: Mein Chef sagt: „Das ist alles Mist, was Sie hier geschrieben haben!“

B: „Ich muss mich verteidigen; ich muss beweisen, dass ich im Recht bin, das kann ich nicht auf mir sitzen lassen!“

1.

A:

B:

2.

A:

B:

3.

A:

B:

4.

A:

B:

5.

A:

B:

6.

A:

B:

Aufgabe 11:

Was sind Bewertungen?

Aufgabe 12:

Was sind „verdeckte“ Bewertungen?

Aufgabe 13:

Bitte suchen Sie drei eigene Beispiele, in denen verdeckte, unbewusste Bewertungen enthalten sind. Das heißt: Suchen Sie drei Situationen, Personen oder Ereignisse, von denen Sie bisher glaubten, dass diese direkt Reaktionen in Ihrem Gefühlsleben und Verhalten auslösen würden. Bitte benutzen Sie dazu das nachstehende Schema.

Siuation A	Bewertung B	Gefühl C1	Verhalten C2
	?		
	?		
	?		

Aufgabe 14:

Versuchen Sie nun, die möglichen Bewertungen für die in Aufgabe 13 angeführten Beispiele zu finden. Notieren Sie Ihr Ergebnis in der Rubrik B.

Siuation A	Bewertung B	Gefühl C1	Verhalten C2

Aufgabe 15:

Bitte versuchen Sie, sich mit Hilfe der zuletzt vorgestellten Techniken einige Ihrer Bewertungen bewusst zu machen. Wählen Sie dazu möglichst Beispiele aus Ihrem eigenen Problembereich.

Benutzen Sie bitte das nachfolgende Schema, um Ihre herausgearbeiteten A-B-C-Ketten festzuhalten.

Siuation A	Bewertung B	Gefühl C1	Verhalten C2

Aufgabe 16:

Nachstehend finden Sie vier unterschiedliche Situationen (A) mit jeweils drei Bewertungsmöglichkeiten (B). Welches Gefühl (C1) wird aufgrund der getroffenen Werturteile entstehen?

Bitte ergänzen Sie C1:

A: Sie stehen in einer Schlange und warten. Jemand kommt plötzlich hinzu, geht direkt nach vorn und wird sofort bedient.

B: „So eine Sauerei! Dem sollte man mal gehörig die Meinung sagen!"
B2: „Sicherlich hat er seine Gründe, sonst hätte er sich bestimmt angestellt."
B3: „Soviel Mut möchte ich auch mal haben."

C1:

C12:

C13:

A: Sie haben nachlässig gearbeitet und werden von Ihrem Vorgesetzten darauf angesprochen.

B: „Immer passiert mir so etwas. Ich kann auch gar nichts! Ich bin und bleibe ein Versager."
B2: „Der hat's gerade nötig! Der tut ja selbst auch kaum was!"
B3: „Er hat recht. Ich muss mir mehr Mühe geben. Es war mein Fehler."

C1:

C12:

C13:

A: Sie erfahren, dass ein Arbeitskollege unwahre Geschichten über Sie verbreitet und Sie ablehnt.

B: „Das ist schlimm! Sicher denken die anderen ähnlich."
B2: „Das soll er mir büßen, so über mich zu reden!"
B3: „Ich mag ihn auch nicht. Außerdem ist er mir nicht wichtig."

C1:

C12:

C1₃:

A: Sie erfahren, dass Ihr Freund mit Ihrer besten Freundin ein Rendezvous hatte:

B: „Jetzt ist es aus. Nie wieder werde ich vertrauen zu Ihm/Ihr haben können!"
B2: „Da bin ich ja gespannt, wie er mir das erklären wird!"
B3: „Ein bisschen Konkurrenz belebt das Geschäft!"

C1:

C1₂:

C1₃:

Aufgabe 17:

A: Sie sitzen in einem Bus. An der nächsten Haltestelle steigt ein Fahrgast zu, bleibt vorne beim Fahrer stehen, sieht sich die Fahrgäste an und beginnt lauthals zu lachen.

Im folgenden sind die emotionalen und verhaltensmäßigen Konsequenzen (C1 und C2) von sechs Fahrgästen aufgeführt. Versuchen Sie bitte, mögliche Bewertungen zu finden, die die angegebenen Reaktionen ausgelöst haben könnten.

Fahrgast 1:
B: ?
C1: peinlich berührt, unsicher, nervös
C2: bekommt rote Ohren

Fahrgast 2:
B: ?
C1: ärgerlich, erregt
C2: schimpft

Fahrgast 3:
B: ?
C1: desinteressiert, gleichgültig
C2: liest weiter in seiner Zeitung

Fahrgast 4:
B: ?
C1: amüsiert, erheitert
C2: lacht

Fahrgast 5:
B: ?
C1: pikiert
C2: schüttelt den Kopf

Fahrgast 6:
B: ?
C1: verwundert, interessiert
C2: starrt auf den Lacher

Die möglichen Bewertungen könnten folgendermaßen aussehen:

Für Fahrgast 1:

Für Fahrgast 2:

Für Fahrgast 3:

Für Fahrgast 4:

Für Fahrgast 5:

Für Fahrgast 6:

Aufgabe 18:

Bei den vier nachfolgend aufgeführten A-B-C's soll die Bewertung derart verändert werden, dass das alte Gefühl C1alt durch eine ganz bestimmte neue Emotion C1neu ersetzt wird.

A: Mein Partner hat mir mitgeteilt, dass er sich von mir trennen möchte.
B_{alt}: „Das überlebe ich nicht! Ohne sie/ihn bedeutet mir alles nichts mehr! Allein kann ich nicht weiterleben. Ich werde nie wieder glücklich sein ..."
$C1_{alt}$: Verzweiflung, Panik, Depression

B_{neu}: ?
$C1_{neu}$: Trauer

Mögliches B$_{neu}$:

A: Sie möchten mit dem Bus in die Stadt fahren. Da Sie spät dran sind, hasten Sie zur Haltestelle. Obwohl der Busfahrer Sie noch heranlaufen sieht, schließt er die Tür. Der Bus fährt vor Ihrer Nase ab.
B$_{alt}$: „Er hat seinen Fahrplan, an den er sich halten muss. Ich hätte früher losgehen müssen. Es ist meine eigene Schuld."
C1$_{alt}$: Verständnis, Einsicht, Selbstvorwürfe

B$_{neu}$: ?
C1$_{neu}$: Wut, Aggression
Mögliches B$_{neu}$:

A: Sie kaufen eine Zeitung am Kiosk und bekommen zu wenig Wechselgeld heraus.
B$_{alt}$: „Der hält mich für blöd! Das hat er extra gemacht. Der will mich bescheißen... dem werde ich aber die Meinung sagen!"
C1$_{alt}$: Entrüstung, Aggression

Bneu: ?
C1neu: Verständnis
Mögliches Bneu:

A: Sie erfahren, dass Sie auf der heutigen Betriebsfeier allen Mitarbeitern als vorbildliches Beispiel empfohlen werden sollen.
Balt: „Toll. Das bringt mir bestimmt viele Vorteile und Anerkennung."
C1alt: Freude, Stolz

Bneu: ?
C1neu: Angst, Scham
Mögliches Bneu:

Aufgabe 19:

Warum sind Bewertungen so wichtig für die Behandlung einer psychischen Störung?

Aufgabe 20:

Unter welchen Umständen können unangemessene, unsinnige Bewertungen zu psychischen Störungen führen?

Aufgabe 21:

Was meinen wir damit, wenn wir jemanden als neurotisch oder psychisch gestört bezeichnen?

Aufgabe 22:

Was kann der Neurotiker tun, um seine psychische Störung zu überwinden?

Aufgabe 23:

Bitte kreuzen Sie die richtigen Lösungsmöglichkeiten an:
(r) = richtig (f) = falsch

a) Unangemessene Emotionen können psychische Störungen verursachen	r f
b) Die Art der Bewertung ist bestimmend für die Art und Intensität der daraus hervorgehenden Emotion	r f
c) Alle Bewertungen stützen sich auf Tatsachen	r f
d) Unsinnige Bewertungen führen immer zu psychischen Problemen	r f
e) Um eine psychische Störung zu beheben, müssen wir zunächst die Bewertung aufdecken, die für das neurotische Fühlen und Handeln verantwortlich ist	r f
f) Unbewusste Bewertungen haben keine Auswirkungen mehr auf das augenblickliche Fühlen und Handeln	r f

Aufgabe 24:

Bitte suchen Sie einige A-B-C's aus Ihrem eigenen Problemkreis, und führen Sie sie im nachfolgenden Schema auf:

Situation A	Bewertung B	Gefühl C1	Verhalten C2

Aufgabe 25:

Was sind angemessene oder sinnvolle Bewertungen?

Aufgabe 26:

Bitte nennen Sie sechs Gründe oder Verhaltensweisen, die unangemessene Bewertungen zur Folge haben.

Aufgabe 27:

Was steht inhaltlich hinter den Worten wie: muss, sollte, verlangen, darf nicht, bestehen auf, fordern... usw.?

Aufgabe 28:

Was sind unangemessene oder unsinnige Bewertungen?

Aufgabe 29:

Welche vier Bedingungen werden von sinnvollen, angemessenen Bewertungen erfüllt?

Aufgabe 30:

Was steht inhaltlich hinter Worten wie: **entsetzlich, schrecklich, furchtbar, unerträglich, katastrophal** usw.?

In den folgenden Aufgaben werden für unterschiedliche Situationen (A) verschiedene Bewertungsmöglichkeiten (B) angegeben. Bitte geben Sie an, welches Gefühl (C1) zu welcher Bewertung gehört, und entscheiden Sie, ob es sich dabei um eine angemessene oder um eine unangemessene Bewertung handelt:

Aufgabe 31:

A: Herr I. verliert seinen Arbeitsplatz.
B: „So eine Sauerei, das können die doch nicht mit mir machen! Denen werde ich's zeigen!"
B2: „Das ist ja schrecklich! Was soll ich bloß machen? Eine neue Arbeitsstelle werde ich bestimmt nicht finden. Nun hat alles keinen Sinn mehr..."
B3: „Mist! Das wird sicher unangenehm und hart werden. Ich werde versuchen, sobald wie nur irgend möglich etwas anderes zu finden."

C1: Frustration, Unzufriedenheit
C1₂: Ärger, Wut
C1₃: Angst, Verzweiflung, Resignation

Ordnen Sie die richtigen C´s zu:

1. A > B >
2. A > B2 >
3. A > B3 >

Aufgabe 32:

A: Frau J's Freundin sagt: „Ich finde, du bist zu ungerecht zu deinem Mann."
B: „Hat die recht? Mal sehen, ob an ihrer Kritik etwas dran ist, oder ob ich sie ungerechtfertigt finde."

B2: „Was fällt der denn ein?! Die hält mich ja wohl für blöd! Jetzt werde ich ihr mal erzählen, was mir alles an ihr nicht gefällt!"
B3: „Wie furchtbar! Jetzt mag sie mich bestimmt nicht mehr.... Ich brauche ihre Anerkennung und Achtung!"

C1: Ärger, Aggression
C1_2: Verwunderung, Unsicherheit, Betroffenheit
C1_3: Angst, Niedergeschlagenheit

Ordnen Sie die richtigen C´s zu:

1. A > B >
2. A > B_2 >
3. A > B_3 >

Aufgabe 33:

Frau K. gilt in ihrem Bekanntenkreis als das „schweigsame Mauerblümchen". Sie nimmt nur selten am Gespräch teil und sitzt meist als aufmerksamer Zuhörer unauffällig im Hintergrund.

A: K.s sitzen mit sechs Freunden am Tisch und unterhalten sich über Politik.
Frau K. denkt:
B: „Die anderen wissen bestimmt mehr als ich. Ich sollte besser meinen Mund halten und zuhören. Peinlich, wenn die anderen merkten, wie wenig ich weiß!"
B2: „Ich muss auch endlich was sagen! Die anderen lachen bestimmt schon wieder heimlich über mich. Ich bin auch zu blöd!"
B3: „Da hab ich aber eine ganz andere Meinung! Mal sehen, was die anderen davon halten. Vielleicht sind sie noch nicht auf meine Idee gekommen und finden sie gut. Vielleicht

habe ich auch einen Gedankenfehler gemacht, und ich werde berichtigt. Aber dann weiß ich es wenigstens. Na und? Oder es stellt sich heraus, dass wir unterschiedliche Meinungen haben. Na und? Ich habe auch das Recht, eine eigene Ansicht zu vertreten.

C1: Erwartung, Sicherheit, Trotz
C1₂: Minderwertigkeit, Selbsterniedrigung
C1₃: Unsicherheit, Minderwertigkeit

Ordnen Sie die richtigen C´s zu:

1.	A > B >
2.	A > B_2 >
3.	A > B_3 >

Aufgabe 34:

Nachfolgend finden Sie einige Beispiele für globale Aussagen und Werturteile. Bitte bilden Sie schriftlich 10 weitere Übergeneralisierungen, möglichst aus Ihrem eigenen Erfahrungsbereich, und formen Sie Ihre Aussagen danach so um, dass sie inhaltlich sinnvoll werden.

Hierzu drei Beispiele:

1. „Ich kann nichts!"	„In meinem Beruf bin ich unterdurchschnittlich erfolgreich."
2. „Bernhard ist ein guter Mensch."	„Bernhard hat Eigenschaften (...), die mir gut gefallen."
3. „Das war ein furchtbares Jahr! Nichts hat geklappt!"	„Dieses Jahr hat vieles (...) nicht so geklappt, wie ich es mir vorgestellt habe."

1.	
2.	
3.	
4.	
5.	
6.	
7.	
8.	
9.	
10.	

Aufgabe 35:

Bitte suchen Sie einige Beispiele für A-B-C's, und halten Sie diese im nachfolgenden Schema fest. Suchen Sie möglichst Beispiele aus Ihrem eigenen Problembereich.

Situation A	Bewertung B	Gefühl C1	Verhalten C2

Aufgabe 36:

Handelt es sich bei den nachstehend aufgeführten Aussagen um Meinungsäußerungen (M) oder um Tatsachenaussagen (T)? Bitte begründen Sie Ihre Entscheidung.

M / T

a) „Man tut das nicht!"
Begründung:

b) „Heute ist es zu warm."
Begründung:

c) „Menschen sind nie fehlerfrei."
Begründung:

d) „Die Sonne scheint."
Begründung:

e) „Nach Montag kommt Mittwoch."
Begründung:

f) „Du bist sympathisch!"
Begründung:

g) „Man darf nicht stehlen!"
Begründung:

h) „Michael ist 32 Jahre alt."
Begründung:

i) „Gesetze und Religionen sind Meinungen."
Begründung:

j) „Verbrecher müssen bestraft werden."
Begründung:

k) „Heute ist es wärmer als gestern."
Begründung:

l) „Lügen zahlen sich nicht aus."
Begründung:

Aufgabe 37:

Versuchen Sie bitte eingehend zu begründen, warum es sich bei den nachfolgend aufgeführten zwölf Aussagen um unangemessene, problematische Bewertungen handelt, die emotionale Probleme verursachen können.

Suchen Sie Gegenargumente für jeden einzelnen der inneren Sätze, und halten Sie sie schriftlich fest.

1) „Ich brauche die Liebe, Zuneigung oder Anerkennung aller mir wichtigen Menschen!"

Begründung und Gegenargumente:

2) „Ich muss - mindestens auf einem wichtigen Gebiet - kompetent, fehlerfrei, leistungsfähig und anerkannt sein."

Begründung und Gegenargumente:

3) „Menschen, die sich falsch, anstößig, unfair oder gegen die Normen verhalten, sollten dafür verachtet und verurteilt werden und sind als schlechte, verkommene oder wertlose Individuen anzusehen."

Begründung und Gegenargumente:

4) „Es ist schrecklich, unerträglich oder katastrophal, wenn Situationen, Personen oder Dinge mich frustrieren, wenn sie nicht so sind, wie ich sie mir vorstelle und gern hätte."

Begründung und Gegenargumente:

5) „Menschliches Leiden hat äußere Ursachen, daher kann ich nichts - oder zumindest nur wenig - gegen meinen Kummer und meine emotionalen Probleme ausrichten."

Begründung und Gegenargumente:

6) „Ich muss über mögliche Gefahren besorgt sein und mich ständig mit der Möglichkeit ihres Eintretens befassen."

Begründung und Gegenargumente:

7) „Es ist leichter, den Schwierigkeiten des Lebens aus dem Wege zu gehen und keine Verantwortung zu übernehmen, als sich ihnen zu stellen."

Begründung und Gegenargumente:

8) „Meine Vergangenheit hat einen derart entscheidenden, bestimmenden Einfluss auf mein gegenwärtiges Leben und Verhalten, dass ich kaum etwas dagegen ausrichten kann."

Begründung und Gegenargumente:

9) „Die Menschen und die Welt sollten besser sein als sie sind, und ich muss mich über ihre Schlechtigkeit und Unzulänglichkeit aufregen."

Begründung und Gegenargumente:

10) „Ich muss mich auf andere - oder zumindest auf einen anderen - verlassen können und brauche einen Stärkeren, auf den ich mich stützen kann."

Begründung und Gegenargumente:

11) „Für jedes Problem gibt es eine absolut richtige, perfekte Lösung, und es ist entsetzlich oder katastrophal, wenn ich diese Lösung nicht finde!"

Begründung und Gegenargumente:

12) „Ich kann am glücklichsten sein, wenn ich träge und untätig bin und das Leben ohne Verpflichtungen und passiv verbringen kann."

Begründung und Gegenargumente:

Aufgabe 38:

Diskutieren Sie bitte eine Ihrer eigenen Bewertungen auf allen drei Ebenen:

auf der inhaltlich logischen Ebene
auf der Vorstellungsebene und
auf der Verhaltensebene

und halten Sie Ihr Vorgehen, Ihre Fragen und Antworten schriftlich fest.

Die Bewertung, die ich hinterfragen will:

Aufgabe 39:

Bitte führen Sie im nachfolgenden Schema einige Ihrer A-B-C's an und versuchen Sie, Ihre darin angeführten Bewertungen auf der inhaltlich logischen Ebene zu diskutieren.

Bitte halten Sie diesen Diskussionsprozess schriftlich fest.

Situation A	Bewertung B	Gefühl C1	Verhalten C2

Aufgabe 40:

Führen Sie bitte nochmals schriftlich die vier Bedingungen für sinnvolles, angemessenes Denken und Bewerten auf.

Aufgabe 41:

Suchen Sie bitte aus den zwölf in Aufgabe 37 aufgeführten Beispielen unangemessener Bewertungen zwei heraus - möglichst die beiden, die von besonderer Bedeutung für Ihr eigenes Problem sind - und diskutieren Sie diese inneren Sätze schriftlich nach folgendem Schema:

Welche Bewertung will ich hinterfragen?

Gibt es sinnvolle Gründe, diese Bewertung beizubehalten? Gibt es Beweise für ihre Richtigkeit?

Welche vermuteten negativen Konsequenzen hängen mit dieser Bewertung zusammen und wie wahrscheinlich sind sie?

Welche vermuteten positiven Konsequenzen hängen mit dieser Bewertung zusammen und wie wahrscheinlich sind sie?

Gibt es sinnvolle Gründe, diese Bewertung abzulegen? Gibt es Beweise für ihre Richtigkeit?

Erfüllt diese Bewertung die vier Kriterien für sinnvolles, angemessenes Denken und Bewerten?

Wenn die hinterfragte Bewertung unangemessen ist, wie könnte eine sinnvollere aussehen?

Welche Änderungen auf der Gefühls- und Verhaltensebene kann die neue Bewertung bewirken?

(Platz zur Beantwortung der Aufgabe 41)

Aufgabe 42:

Bitte nehmen Sie sich während der nächsten vier Wochen täglich 20-30 Minuten Zeit und üben Sie das, was Sie hier gelernt haben:

Lernen Sie, Ihre inneren Sätze, Gedanken oder Bewertungen aufzuspüren,
lernen Sie, diese auf ihre Angemessenheit und Sinnhaftigkeit zu überprüfen,
lernen Sie, Ihre neuen Einsichten umzusetzen!
machen Sie pro Woche mindestens drei Selbstanalysen von Ihren Emotionen, und benutzen Sie zu diesem Zweck bitte folgendes Schema:

1.

A Auslösendes Ereignis (Was geschieht gerade? Auf welche konkrete Situation beziehe ich mich? Blitzlicht.)

2.

C1 Mein Gefühl in der Situation A. Ich fühle mich:

3.

C2 Mein Verhalten in der Situation A. (Was tue ich?)

4.

B Meine Bewertungen zur Situation A. (Wie sehe ich das? Was bedeutet das für mich? Was halte ich davon? Wie finde ich das?) Meine inneren Sätze zu A lauten:

5.

E1 rsatz meines alten Gefühls durch: (Wie würde ich mich lieber fühlen? Welches Gefühl wäre angemessener?)

6.

E2 Ersatz meines alten Verhaltens durch: (Wie würde ich mich lieber verhalten? Was möchte ich lieber tun?)

7.

DA Diskussion von A (Sind Interpretationen oder Bewertungen enthalten? Beziehe ich mich auf eine konkrete Situation? Ist A eine „Momentaufnahme“?)

Mein korrigiertes A lautet:

8.

DC Diskussion von C (Sind Interpretationen oder Bewertungen enthalten? Beschreibt C1 ein Gefühl? Sind alle vorhandenen Gefühle angeführt? Ist C2 auf A bezogen?)

Mein korrigiertes C lautet:

C1
C2

9.

DE Diskussion von E (Ist E erreichbar, sinnvoll, realistisch, vermute ich neue Fähigkeiten aufgrund neuer Gefühle? A-C Beziehungen? Warum dieses Ziel?)

Mein korrigiertes E lautet:

E1
E2

10.

X Sinnvolles, angemessenes Denken und Bewerten erfüllt die folgenden **vier Kriterien**:

-
-
-
-

11.

DB Diskussion meiner B's (Für jedes B: Werden die vier Kriterien für sinnvolles Denken und Bewerten erfüllt? Gibt es Beweise für oder gegen die Wahrheit von B? Welche vermuteten positiven und negativen Konsequenzen hat dieses B? Wie groß ist die Wahrscheinlichkeit?)

12.

B$_{neu}$ Mein neues, sinnvolles B lautet: (Wie sieht meine neue, angemessene Bewertung aus, was wird sie bewirken?)

Die sieben Todsünden von Menschen mit einem negativen Selbstbild

1. Warum sind andere klüger und schöner als ich?
Todsünde: *Sich selbst in ungünstiger Weise mit anderen vergleichen.*

Es gibt immer Menschen, die glücklicher, intelligenter, reicher oder besser geschult sind als Sie. Aber was macht das schon aus? Menschen sind zwar ungleich, aber das bedeutet noch nicht, dass sie nicht gleichwertig sind. Es gibt niemanden auf der ganzen Welt, der Sie dazu bringen kann, sich minderwertig zu fühlen, wenn Sie es nicht selbst wollen. Manche (sich minderwertig fühlende) Menschen glauben, dass andere Menschen auf dieser Welt dazu auserwählt sind, einen besonderen, wichtigen Auftrag zu erfüllen. Das ist großer Unsinn, denn entweder hat jeder eine besondere Bestimmung oder niemand. Im letzteren Fall können wir unsere „Mission" in gewissem Sinne selbst wählen. Jeder Mensch, der in diese Welt hineingeboren wird, vertritt etwas gänzlich Neues, etwas, dass noch nie vorher da gewesen ist. Sollte es in unserem Universum einen Schöpfer geben, der Aufträge verteilt, so hat jeder von uns also seinen eigenen, einzigartigen Auftritt. Gibt es diesen großen Verteiler aber nicht, müssen wir uns unser Ziel folglich selbst auswählen. Wer außer uns selbst darf dann bestimmen, was für uns wertvoll oder sinnvoll ist?

2. Ich bin nur wertvoll, wenn andere mich lieben!
Todsünde: *Das Gefühl haben, dass man nicht viel wert ist, es sei denn,*

jemand verliebt sich in Sie;
jemand möchte ein (partnerschaftliches) Verhältnis mit Ihnen;
jemand braucht Sie;
Sie haben einen bezahlten Job;
Sie verdienen viel Geld;
andere finden, dass Sie viel geleistet haben.

Dostojewski, der meines Erachtens der größte Psychologe aller Zeiten war, hat einmal darauf hingewiesen, dass das Gebot „Liebe Deinen Nächsten wie Dich selbst“ wahrscheinlich im umgekehrten Sinn verstanden werden soll. Er wollte damit sagen, dass man seinen Nächsten nur dann lieben kann, wenn man auch sich selbst lieben kann. Sollte man jemand anderen brauchen, um seine eigenen Minderwertigkeitsgefühle zu überdecken, dann liebt man den Menschen nicht um seiner selbst willen, sondern wegen der Eigenschaften, die man selbst besitzt. Wenn Sie sich selbst gering schätzen, bevor sich jemand in Sie verliebt, fühlen Sie sich innerlich kaum weniger wert, nachdem das geschehen ist.

3. Ich muss mein Leben so gestalten, dass ich es jedem recht mache!
Todsünde: *Denken, dass man es jedem recht machen sollte.*

Menschen, die glauben, es jedem recht machen zu müssen, erreichen auf die Dauer meist das Gegenteil. Nur wenn man anderen Grenzen setzt und diese überwacht, baut man ein Gefühl der Sicherheit, des Mutes und des Selbstvertrauens auf. Nur dann stellt man für andere eine Herausforderung dar und entwickelt sich zu einer Person, auf die Rücksicht genommen wird.

4. Ich muss perfekt sein - und zwar sofort!
Todsünde: *Sich selbst unzumutbar hohe Ziele setzen.*

Viele Menschen möchten das Gleiche können wie andere, ohne den dafür erforderlichen Lernprozess mit allen seinen Höhen und Tiefen durchmachen zu wollen. Setzen Sie sich Ihre eigenen Ziele und zwar so, dass sie von Ihrem Niveau aus erreichbar sind. Sie können sie ja morgen, wenn Sie möchten, immer noch eine Stufe höher setzen als heute.

5. Nichts gibt meinem Leben Sinn!
Todsünde: *Auf der Suche nach dem Sinn des Lebens sein.*

Das Leben hat keinen Sinn. Diese Feststellung gibt Ihnen die einzigartige Gelegenheit, sinnvolle Dinge und Erfahrungen für Sie selbst zu schaffen. Sie sind oft nur von kurzer Dauer, können aber meist wiederholt werden.

6. Alles ist so langweilig!
Todsünde: *Sich langweilen.*

Wenn Sie sich langweilen, sind Sie auch fast immer ein langweiliger Partner. Kaum ein Mensch ist so unattraktiv wie jemand, der ständig wissen läßt, dass er sich selbst eigentlich nicht der Mühe wert findet oder, dass er nichts (Sinnvolles) zu tun hat. Um noch einmal Groucho Marx zu zitieren: „Wenn du nichts zu tun hast, tu es dann bitte nicht hier."

7. Ich habe sowieso keine oder nur geringe Möglichkeiten, mein Leben zu beeinflussen!
Todsünde: *Denken, dass Ihr Schicksal von Mächten und Kräften von außen bestimmt wird.*

Das stimmt nur zum Teil. Viele Dinge in Ihrem Leben werden nicht getan, wenn Sie sie nicht selbst erledigen. Ein wichtiger Maßstab für die Qualität Ihres Lebens ist das Ausmaß Ihrer persönlichen Bemühungen und Anstrengungen. Zugleich ist der Maßstab für die Qualität Ihrer Persönlichkeit das Ausmaß Ihrer Bereitwilligkeit, sie zu Diskussion zu stellen.

Positives Denken (Sabine Asgodom)

"Positives Denken" - wenn ich dieses Wort hörte, schrillten bei mir immer alle Alarmglocken: Was heißt das? Rosa Brille aufsetzen? Sich alles schön reden? Vor dem Elend der Welt die Augen verschließen? Alles ertragen, alles verzeihen? Meine Skepsis hielt an, bis ich das Ihnen hier vorliegende Buch von meinem geschätzten Kollegen Helmut Fuchs las. Und mir plötzlich klar wurde: Positives Denken, richtig verstanden, heißt, die Verantwortung für mein Leben, und damit auch für meine Laune, zu übernehmen. Es heißt sogar, eine super geschliffene Brille aufzusetzen, um genauer hinschauen zu können, zu erkennen, was mich stresst, ärgert oder freut.

Mich freut dieses Buch, denn es gibt gute Methoden an die Hand, sich aus der Opferrolle zu befreien und sich zur "Meisterin meines Lebens" zu entwickeln. Dass das Wissen um die Wirkung der Emotionen so wichtig ist, erlebe ich bei jedem Seminar, das ich zum Thema "Mut zur Veränderung" halte. Denn das wichtigste Thema, das sich auf jedem Workshop auf jedem Sekretärinnenkongress herausschält, ist der Umgang mit dem Chef/der Chefin und dem Mut zum "Ja" und zum "Nein".

Mut gehört dazu, ja zu sagen zu sich selbst, als unvollkommenem Menschen in einer unvollkommen Welt; zur eigenen Beschränktheit und zur eigenen Großartigkeit, aber auch zur Beschränktheit oder Großartigkeit der Menschen um sich herum. Mut gehört aber auch dazu, nein zu sagen, wenn man überfordert oder übervorteilt, herumgeschubst oder herumkommandiert wird.

Denn das habe ich als Autorin und Managementtrainerin vor Jahren erkannt: Wir werden so von anderen behandelt, wie wir uns behandeln lassen. Es sind unsere Gedanken, wie es Helmut Fuchs glasklar darlegt, die unsere Handlungen und unsere Reaktionen bestimmen.

Und wir sind damit die Schiedsrichter der Wirklichkeit: Wir können dem Leben und unseren Mitspielern ständig die rote Karte zeigen oder das Spiel weiterlaufen lassen, können Vorteil geben oder kleinlich jeden Rempler ahnden. Doch es sei verraten: Großzügigkeit und Gelassenheit erhöhen die Freude am Spiel erheblich. Es macht Sinn, "den Ball laufen zu lassen", wenn ich das noch einmal in der Fußballsprache ausdrücken darf.

Und: Es ist spannend, sich mit den Methoden wie NLP oder PES auseinander zu setzen. Wobei ich mich für meinen Teil immer dazu entschieden habe, mir eher einzelne interessante Aspekte einer Methode anzueignen, statt mich dogmatisch dieser Methode zu unterwerfen.

Und das wünsche ich Ihnen: Picken Sie sich die Hilfen heraus, die Ihr Leben bunter und chancenreicher macht; probieren Sie die Schritte aus, die Ihnen der Autor so trefflich beschreibt; und entscheiden Sie sich dafür, die Regie in Ihrem Leben selbst zu führen. Dafür ist Helmut Fuchs, den ich als "Gute-Laune-Mann" auf allen Sekretariat-Kongressen kennengelernt habe, selbst das beste Beispiel.

München, im Juni 2000
Sabine Asgodom,
Autorin, Trainerin und Coach, ASGODOM LIVE, München

(kein) Register

Nach Fritz B. Simon, dem ich mich in diesem Falle anschließen möchte, besteht die Nützlichkeit von Registern darin, dass man (1) aus Büchern zitieren kann, ohne sie lesen zu müssen, und (2) sofort sehen kann, ob man, falls man selbst schon einmal einen Artikel oder ein Buch veröffentlicht hat, vom Verfasser des betreffenden Buches zitiert worden ist. Im ersten Fall werden einzelne Sätze zwangsläufig aus ihrem Kontext gerissen, im zweiten werden lediglich persönliche Eitelkeiten gepflegt. Beides sind Gründe, die den Autor dieses Buches veranlaßt haben, dem Verlag den Abdruck des Registers zu untersagen.

Schlußbemerkung

Die in diesem Buch aufgeführten Theorien, Ideen und Übungen sind im Laufe der Tätigkeit des Autors als Therapeut, Berater und Trainer gesammelt und verändert worden. Trotzdem können gelegentlich Passagen aus Übungsblättern mit Teilabschnitten ursächlicher Autoren übereinstimmen, ohne daß diese Quellen noch bekannt sind. In diesem Sinne bitte ich um Nachsicht im Sinne der "open source" Bewegung, die vorsieht, dass Quellcodes im Sinne eines kollektiven Nutzens von jedermann verbreitet und weiterbearbeitet werden sollten.

Bei Rückfragen oder Interesse an entsprechenden Seminaren wenden Sie sich bitte an den Autor:

Adresse in Deutschland:
TAM-Trainer-Akademie-München
Frankfurter Strasse 25
36043 Fulda
Telefon 0049-661-928610
Telefax 0049-661-9286111
Internet. trainer-akademie.de
E-Mail h.fuchs@trainer-akademie.de

Adresse in Spanien:
European Academy for Training and Development
Calle San Jaime ,6
E-07012 Palma de Mallorca
Telefon 0034 971-229358
Telefax 0034-971-229359
Internet: EATD.de